AF281982

Confección de sastrería masculina

Volumen 1

Montaje de camisas, pantalones y chalecos

Confección de sastrería masculina

Volumen 1

Montaje de camisas, pantalones y chalecos

Sven Jungclaus

Bibliografische Information der Deutschen Nationalbibliothek:
Die Deutsche Nationalbibliothek verzeichnet diese Publikation
in der Deutschen Nationalbibliografie; detaillierte bibliografische
Daten sind im Internet über www.dnb.de abrufbar.

1ª edición
© 2025 Sven Jungclaus
Portada: Michael Punz
Imágenes: Wolf Silveri
Bocetos, esquemas e imágenes del apéndice: Sven Jungclaus
Traducción al español realizada por Steven Guirao Díez

Editorial:
BoD · Books on Demand GmbH,
Überseering 33, 22297 Hamburg, bod@bod.de
Impresión:
Libri Plureos GmbH,
Friedensallee 273, 22763 Hamburg
ISBN: 978-3-8192-7924-9

Todos los derechos reservados. No se permite la reproducción total o parcial de esta obra, ni su incorporación a un sistema informático, ni su transmisión en cualquier forma o por cualquier medio (electrónico, mecánico, fotocopia, grabación u otros) sin autorización previa y por escrito de los titulares de los derechos de autor, ya sea para uso privado o educativo. La infracción de dichos derechos puede constituir un delito contra la propiedad intelectual.
Queda igualmente prohibido el uso de la Inteligencia Artificial para interactuar de cualquier manera con esta obra o manipularla. Especialmente, la Inteligencia Artificial no podrá usarse para leer esta obra, ni cualquiera de sus pasajes, ni para generar textos a partir de la misma.

Enlace a vídeos del montaje de la camisa

https://www.becomeatailor.com/videos-shirt/

Enlace a vídeos del montaje del pantalón

https://www.becomeatailor.com/videos-trousers/

Enlace a vídeos del montaje del chaleco

https://www.becomeatailor.com/videos-waistcoat/

Todo empieza aquí...

La sastrería a medida no es cosa de principiantes. Sin embargo, todos los sastres empezaron su andadura en algún momento. Lo importante a la hora de enfrentar un proyecto de sastrería es perderle el miedo a descoser costuras, armarse de paciencia, ser perseverante y asumir que las cosas no siempre van a salir como uno quiere. La buena noticia es que, eventualmente, los problemas se resuelven y descubres la razón por la cual invertirte tanto tiempo en esa labor que al principio parecía tan compleja. El objetivo de la sastrería no es trabajar rápido, sino con pulcritud y precisión. La velocidad llegará más adelante por si sola a base de esfuerzo y práctica.

La práctica hace al maestro

Especialmente al principio, no deberías conformarte con obtener resultados mediocres; siempre debes intentar mejorar. Ten en cuenta que un aprendiz de sastre realiza cientos de ojales, bolsillos y otras tareas secundarias hasta que, pasado un tiempo, es capaz de dominar aspectos como la simetría y el orden para poder realizar prendas perfectas.

Entrena las manos y los ojos

Con cada bolsillo y ojal ganas más habilidades, hasta el punto en que tus ojos llegan a ser capaces de reconocer la diferencia entre 4 y 5 milímetros. Es por ello que resulta imprescindible entrenar bien las manos y los ojos para dominar la disciplina sastrera.

Un oficio no se aprende de la noche a la mañana

Con la sastrería uno debe tomarse su tiempo. Si bien es cierto que llevar a cabo alguna de las fases del montaje de un detalle determinado de la prenda puede resultar sencillo, especialmente al principio, debes aprender a desarrollar una visión de conjunto. Así, al igual que en el ajedrez, se tiene que tener presente el principal objetivo a lograr visualizando, al mismo tiempo, la serie de movimientos necesarios que se deben realizar para lograrlo. Y es que toda acción lleva asociada una consecuencia, haciendo que sea más complicada la resolución de posibles problemas si estos no se han detectado a tiempo.

Piensa primero, actúa después

Cada capítulo incluye numerosos pasos cuyo orden es importante respetar para conseguir el éxito. Por ello, será esencial que interiorices el tema que te ocupe en cada momento, leer el capítulo en su totalidad, reflexionar sobre el mismo y, si es necesario, releerlo varias veces hasta haber entendido todo a la perfección. Solo entonces tendrá sentido pasar a la práctica. De lo contrario, podrías pasar por alto información importante y, en último término, frustrarte por tener que empezar una tarea de nuevo.

A este respecto, nuestros vídeos están diseñados para ayudarte a seguir los pasos de manera ordenada. Ten en cuenta que antes de cada capítulo encontrarás un enlace que te llevará a las instrucciones de montaje.

No te desesperes

Cualquiera con ciertas habilidades motoras puede dedicarse a la sastrería. Simplemente, debes lanzarte y comenzar. Todo lo demás lo conseguirás a base de repetición.

¡Ten paciencia y diviértete mientras realizas tus proyectos de sastrería!

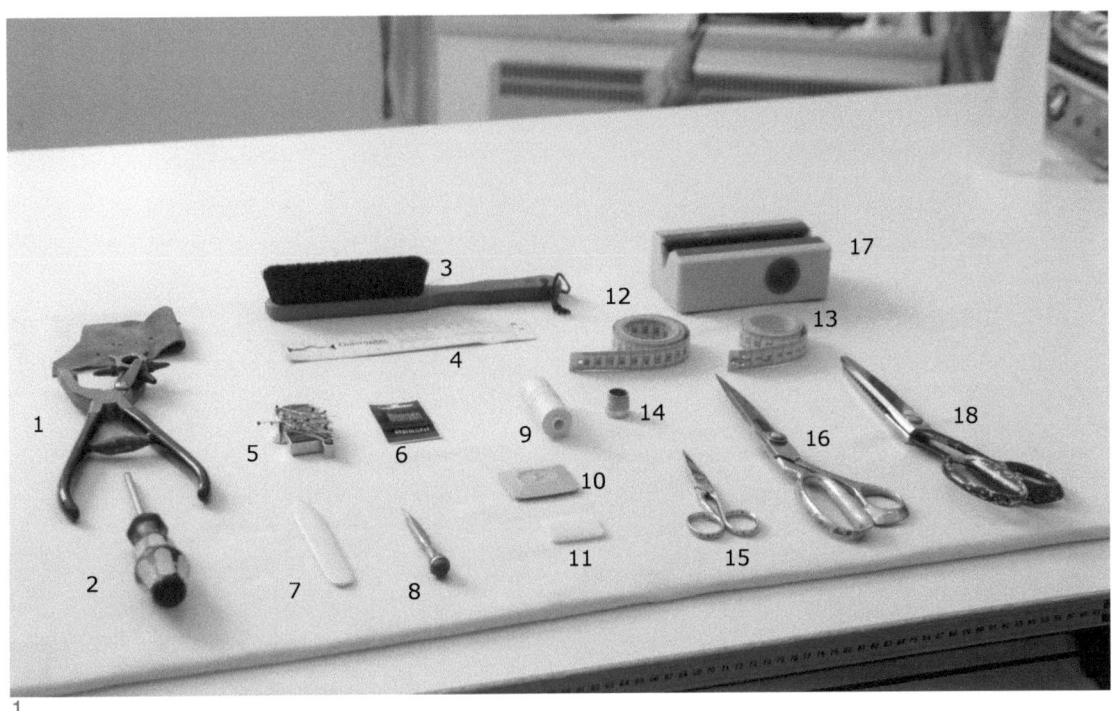

1

Herramientas de costura

1 Sacabocados o perforadora de ojales

2 Destornillador de estrella

3 Cepillo para ropa

4 Regla

5 Alfileres

6 Agujas de coser

7 Moldeador de esquinas y bordes o plegador

8 Punzón

9 Hilo de hilvanar

10 Tiza de sastre o jaboncillo

11 Tiza sublimable

12 Cinta métrica

13 Cinta métrica para la cintura

14 Dedal

15 Tijera de costura común

16 Tijera de sastre

17 Afilador de jaboncillos

18 Tijera de corte en zig-zag

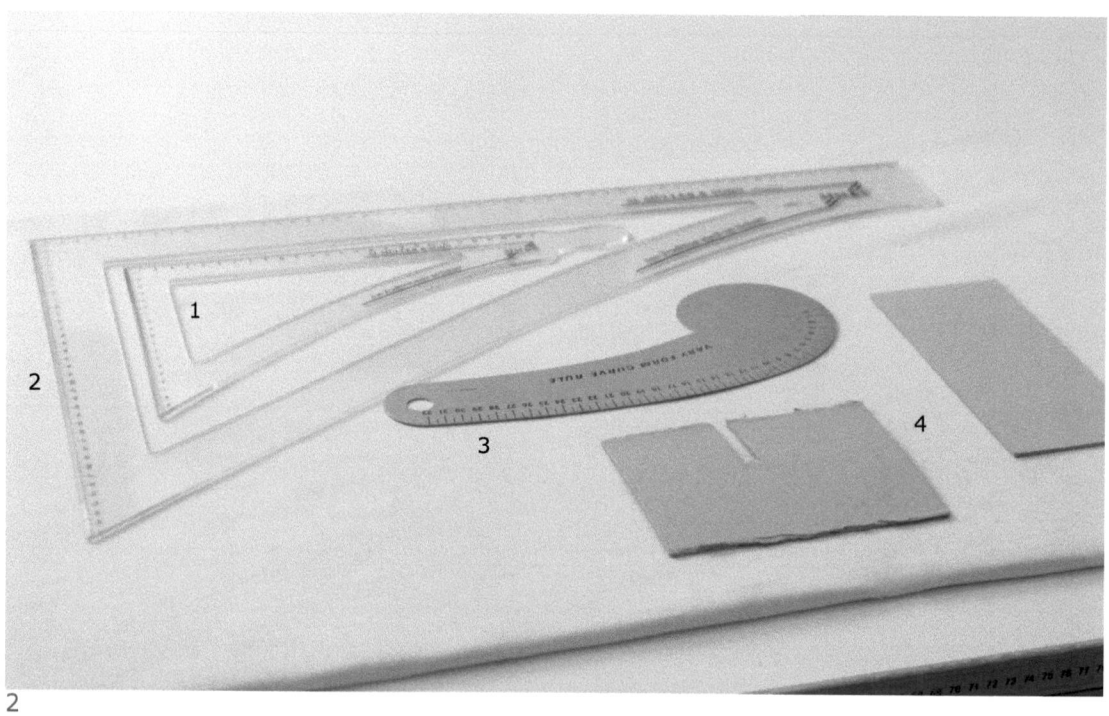

2

Reglas y plantillas

1 Escuadra de tamaño medio

2 Escuadra de tamaño grande o
  escuadra de sastre

3 Plantilla de sisa

4 Otras plantillas de cartón
  (en función de tus necesidades)

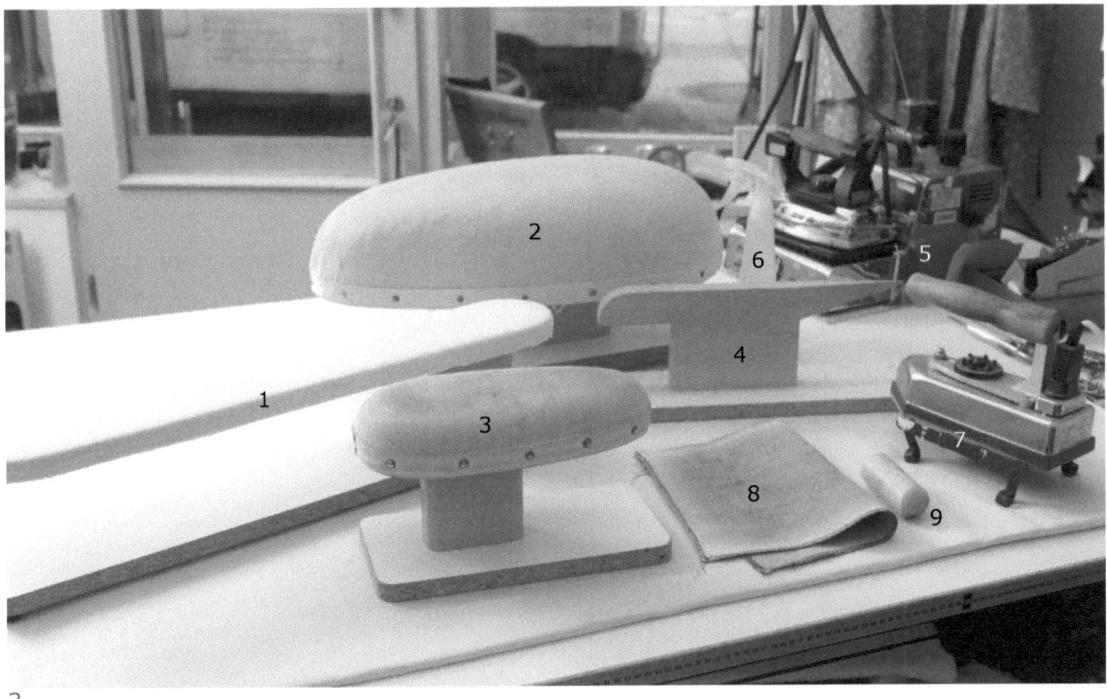

3

Herramientas para el planchado

1 Tabla para planchar mangas o
  manguero
2 Cojín de planchado para torsos
3 Cojín de planchado para hombros
4 Tablero de sastre
5 Plancha de vapor
  (Battistella Vaporino Inox Maxi)

6 Pulverizador
7 Plancha seca
8 Tela para planchar
9 Cera de abeja para costura

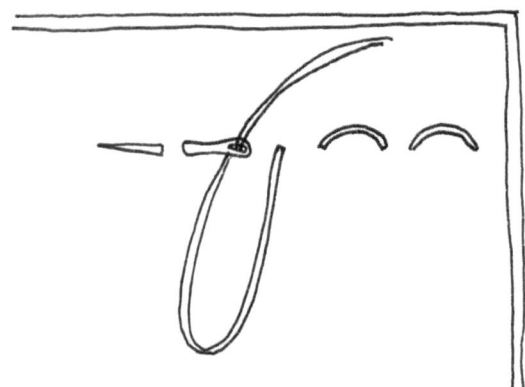

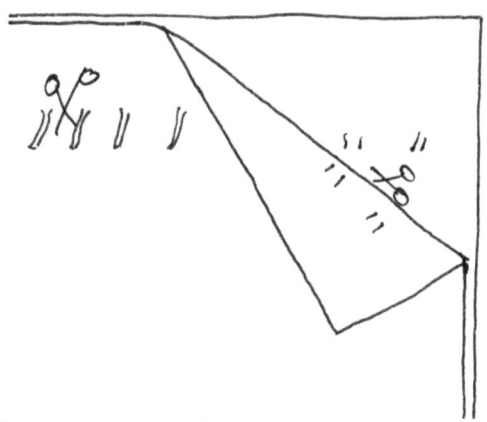

Hilos flojos (parte 1)

Con ellos se transfieren las marcas de tiza al derecho del tejido y a la pieza situada debajo. Primero, y con hilo doble, introduce la aguja dejando el hilo holgado y corta las puntadas.

Hilos flojos (parte 2)

Después, con cuidado, corta entre ambas piezas de tejido. Al final, corta los hilos que sobresalen. Consulta la página 81 para más información (marcar el delantero del chaleco con hilos flojos).

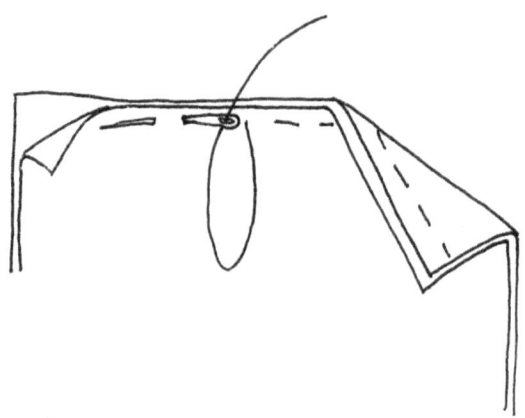

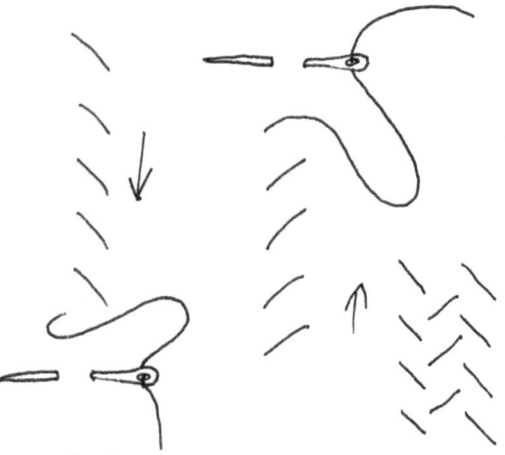

Hilvanado

Se utiliza para realizar uniones rápidas temporales, sujetando dos o más capas de tejido.

Picado o picaje

Para unir permanentemente dos o más piezas de tejido y entretela (de crin de caballo), siendo este su uso principal. También se emplea en las piezas inferiores de los cuellos y en solapas.

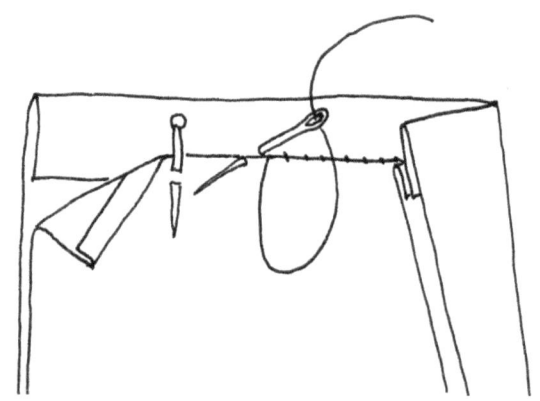

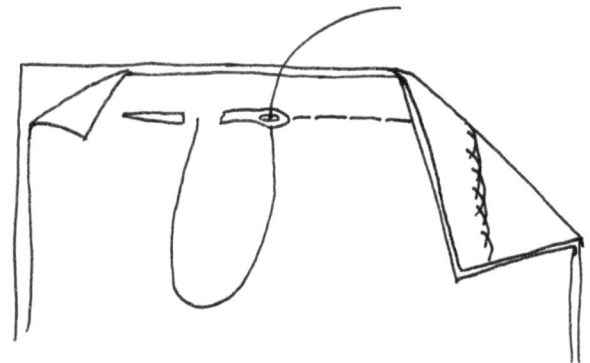

Puntada ciega o invisible

Se suele utilizar para coser forros, pero también puede ser útil en otros lugares.

Punto atrás

Resulta útil en costuras que exijan elasticidad, como por ejemplo en el centro trasero de los pantalones, aunque se puede usar siempre que se quiera sustituir la puntada a máquina.

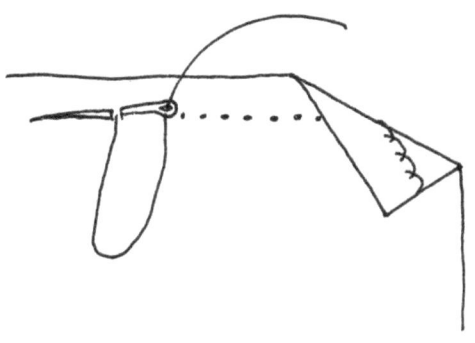

Punto pinchazo (*prick stitch*)

A menudo se utiliza como puntada decorativa en las piezas de tejido de forro. Al contrario que en la puntada discontinua, en esta el hilo queda entrelazado por el revés.

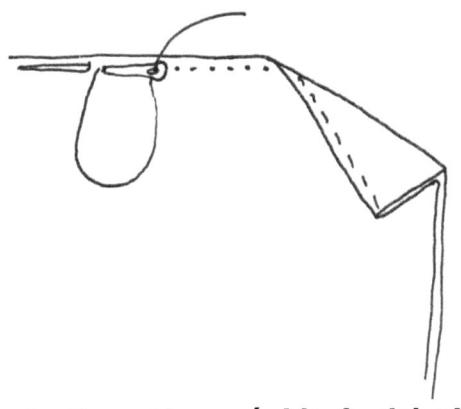

Puntada discontinua rápida (*quick sinking stitch*)

Se usa en zonas que pasan desapercibidas, como en bajos de prendas y aberturas traseras (consulta la imagen 328 de la página 102).

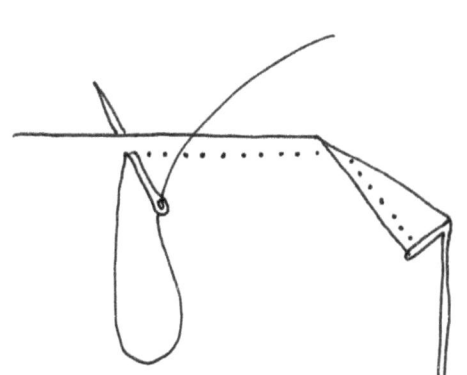

Puntada discontinua compleja (*sinking stitch*) - paso 1

Aparece, sobre todo, en márgenes y solapas, permitiendo que estas zonas queden planas y no se hinchen debido a la humedad.

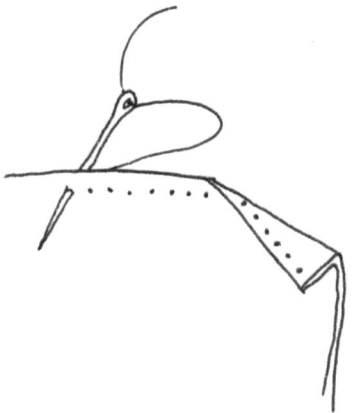

Puntada discontinua compleja (*sinking stitch*) - paso 2

Este método es más elaborado pero ofrece un resultado más estético en ambos lados del tejido (consulta las imágenes 329/330 de la pág. 102).

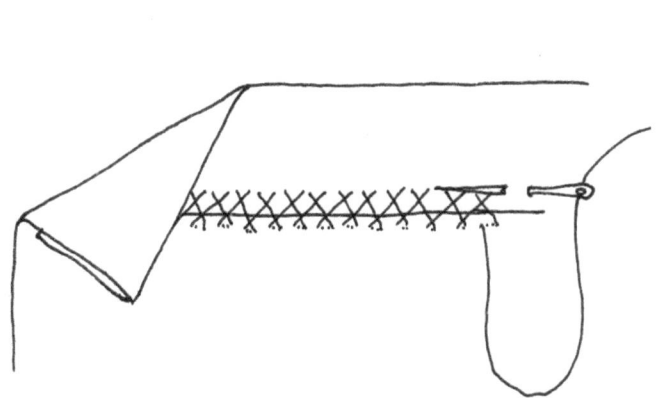

Punto de escapulario

Esta puntada no se usa muy a menudo, pero resulta necesaria en la construcción de algunas zonas de prendas y piezas secundarias.

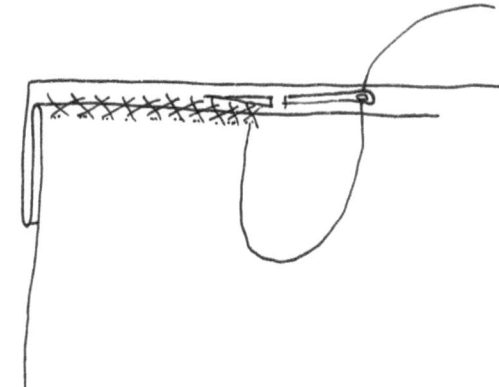

Puntada invisible para bajos

Se utiliza para hacer el bajo de algunas prendas. Aunque se realiza como el punto de escapulario, en este caso el hilo no es visible por el derecho de la prenda cuando se finaliza la costura.

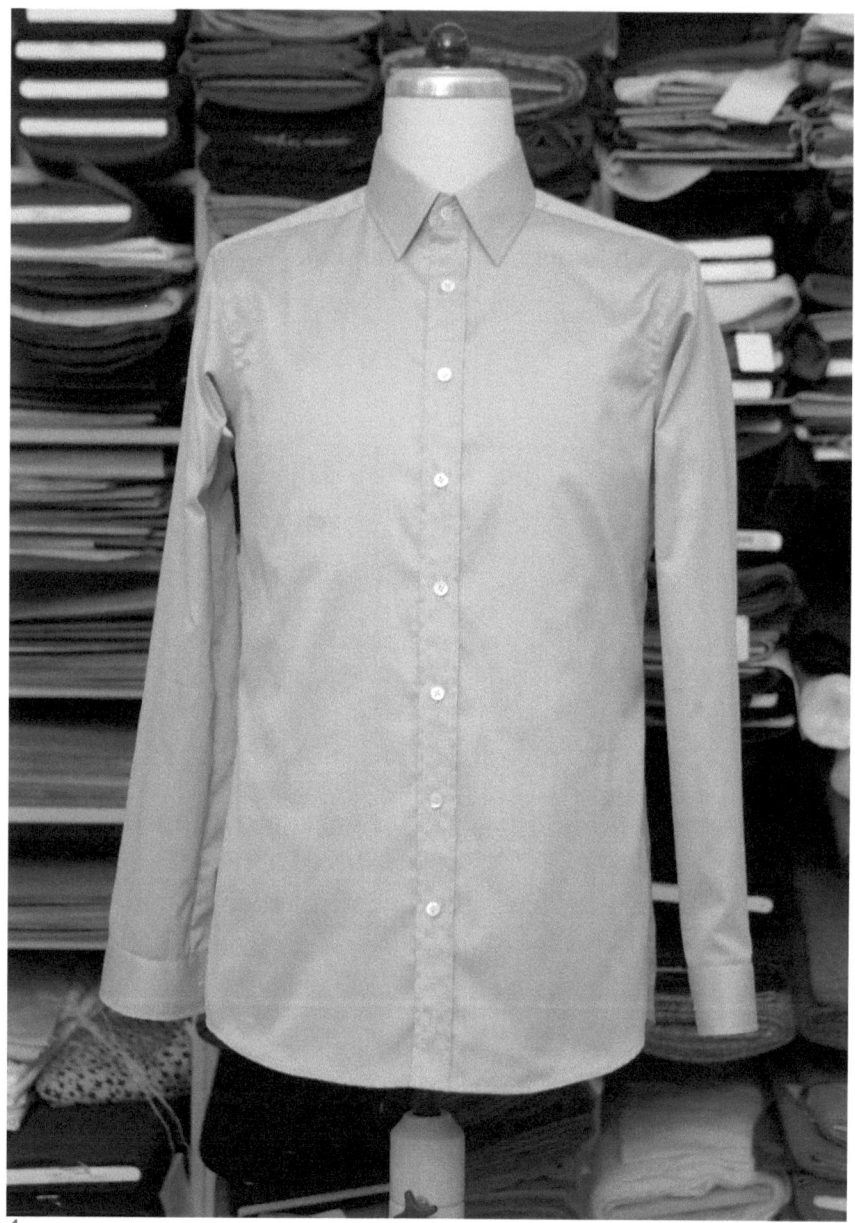

4

Enlace a vídeos
del montaje de
la camisa

https://www.becomeatailor.com/videos-shirt/

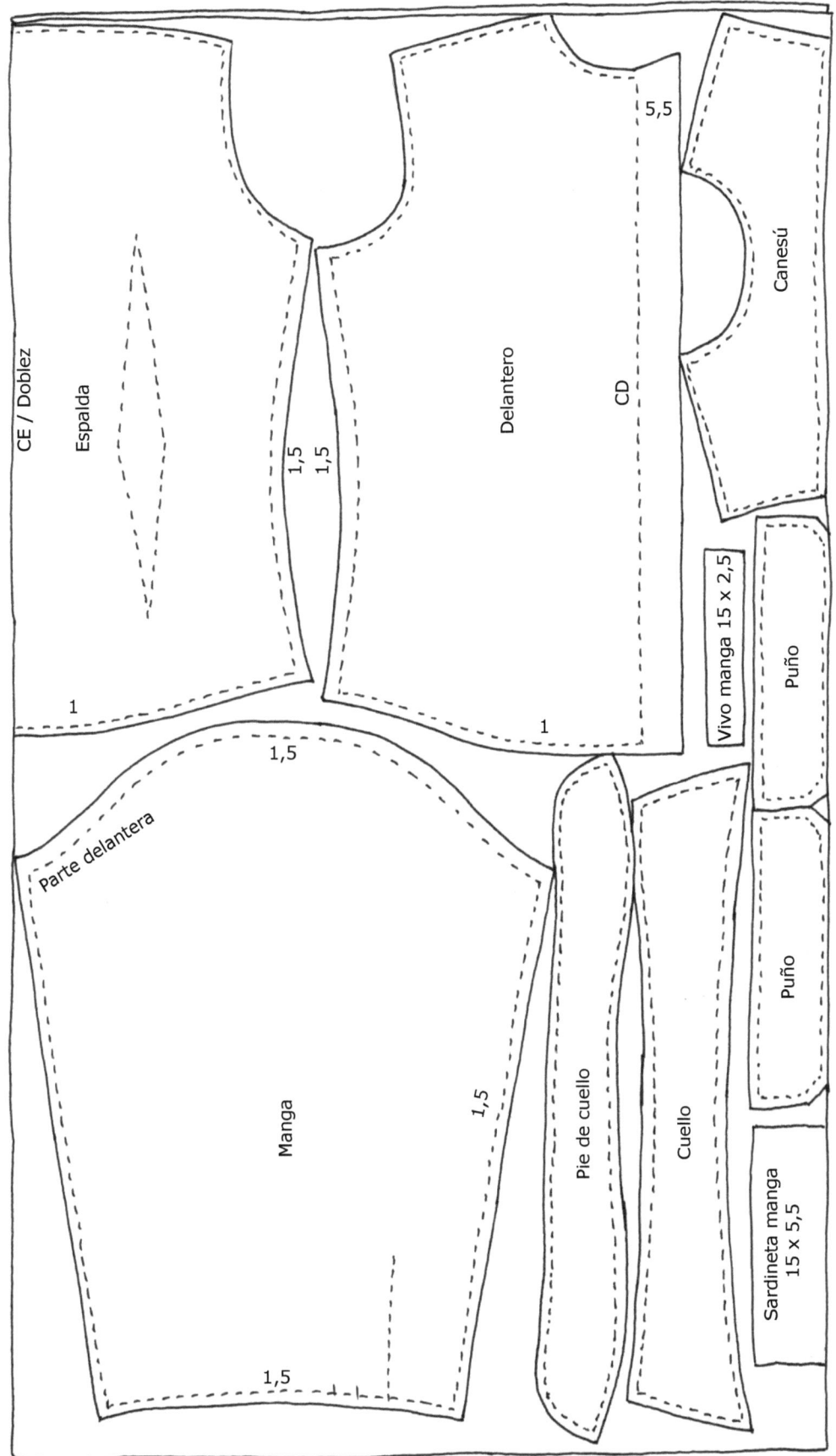

Corte de la camisa

Antes de cortar, es fundamental lavar el tejido (que normalmente será de algodón o lino) a 30º C en el programa para lana o tejidos delicados de la lavadora, ya que así se evita el riesgo de encogimiento una vez confeccionada la camisa. Con este prelavado, el cuello se mantendrá estable incluso después del montaje y tras futuros lavados. Los márgenes de costura se indican en el dibujo superior. En cualquier caso, estos siempre deben ser de entre 0,75 y 1 cm en todas las piezas (ver página 127).

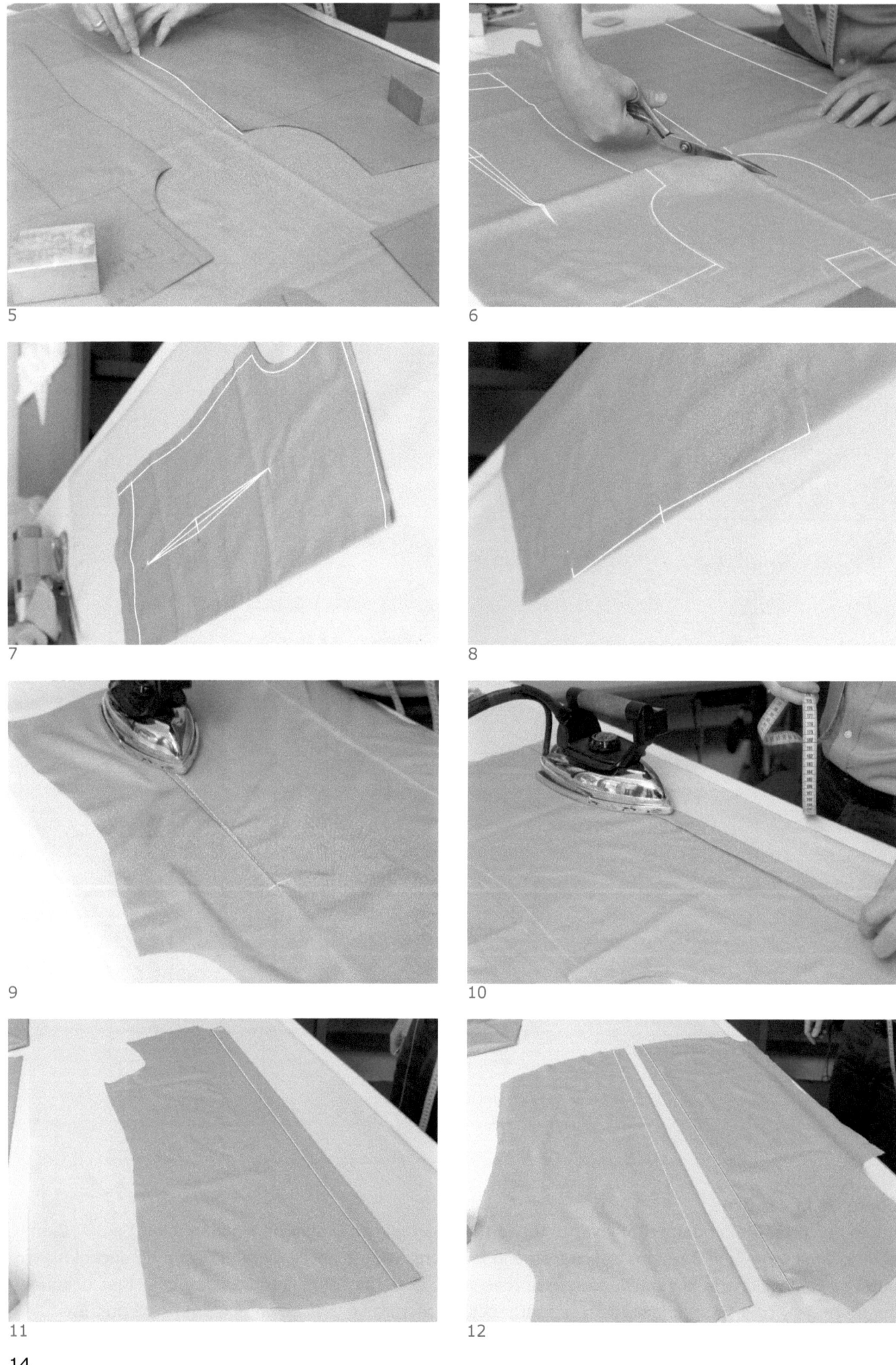

5

6

7

8

9

10

11

12

El corte de la camisa

Imágenes 5/6

A no ser que se trate de tejidos de pana, franela o similares, los materiales usados comúnmente en la fabricación de camisas no tienden a deshilacharse, por lo que no deberías preocuparte por esta cuestión.

Es aconsejable utilizar un lápiz de mina blanda y afilada si trabajas con tejidos blancos o de colores claros; las marcas desaparecerán al lavar la prenda.

Pinzas traseras

Imagen 7

Transfiere la silueta de la pinza al lado opuesto usando alfileres. Luego, redibújala.

Imagen 8

Después dobla las pinzas por su eje central y plánchalas.

Imagen 9

Cuando cosas las pinzas, remata sus extremos (cosiendo hacia detrás y hacia delante). Después, plancha las pinzas y cárgalas hacia los costados.

Margen delantero derecho

Imagen 10

El margen del delantero derecho (sobre el que cruza el delantero izquierdo) va doblado a 1 y 3 cm hacia el revés del tejido. Puedes ayudarte de la plancha para marcar estas distancias.

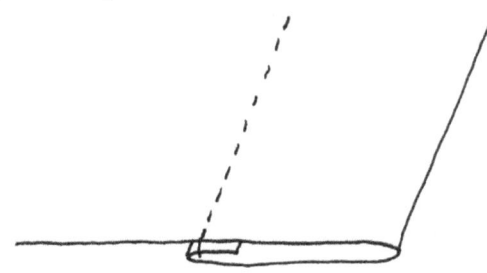

Dado que en esta tapeta se cosen los botones, puedes aplicar una tira de entretela termoadhesiva de la misma anchura para aumentar la resistencia. Una vez tengas planchada la tapeta, realiza un pespunte al canto (1 - 2 mm de anchura) por el revés del tejido para sujetarla.

Margen delantero izquierdo

Imagen 11

El margen delantero izquierdo (la tapeta donde van los ojales) va doblado y planchado a 3 y 3 cm. Estas medidas deben ser totalmente precisas. Puedes incluir una pieza de entretela termoadhesiva por el interior de la tapeta para reforzarla.

Después, cose el margen a un ancho de 5 mm.

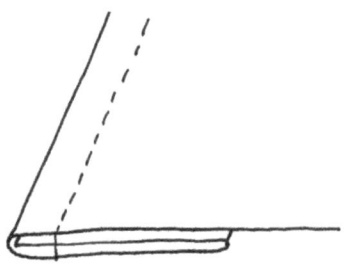

A continuación, desdobla la tapeta por la costura y plánchala.

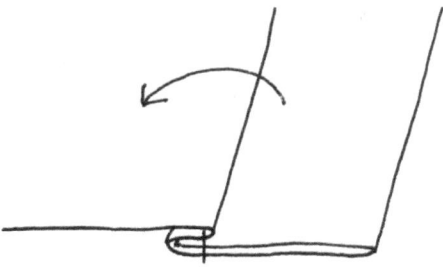

Por cuestiones de simetría, realiza otro pespunte paralelo a 5 mm del margen de la tapeta.

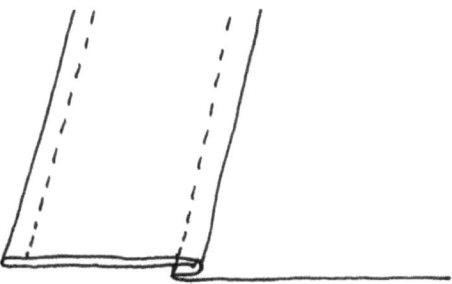

Imagen 12

Observa los delanteros enfrentados.

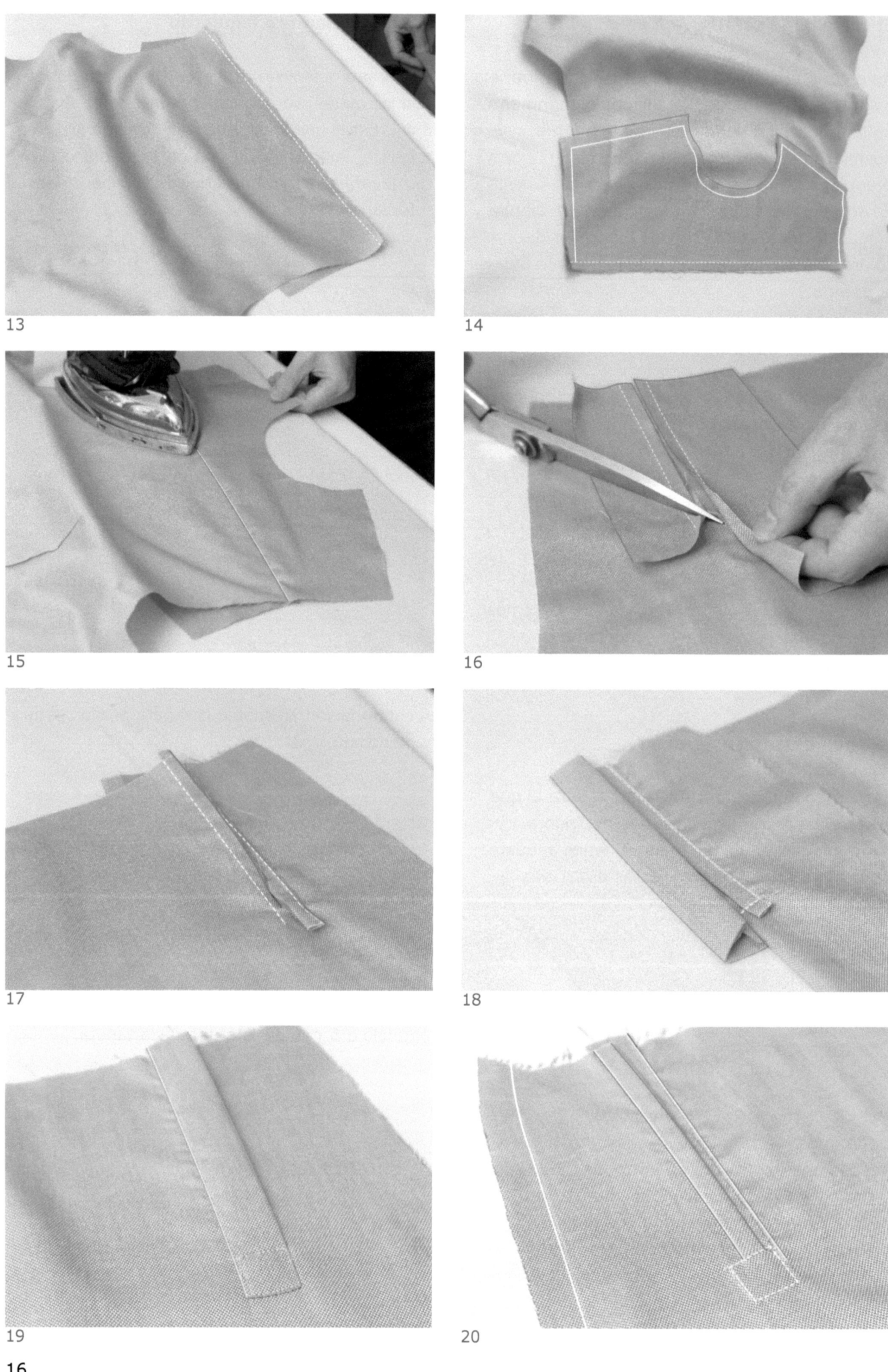

13

14

15

16

17

18

19

20

Canesú trasero

Imagen 13

Mediante una costura realizada a 0,5 cm de los bordes, une la pieza del canesú trasero interior a la pieza de la espalda, encarando el derecho de la primera con el revés de la segunda.

Imagen 14

Después, cose el canesú trasero exterior a la pieza de la espalda con una costura de ancho regular (0,75 cm), encarando los derechos de ambas piezas.

Imagen 15

A continuación, y por separado, plancha cada canesú cargándolo hacia arriba. Si lo deseas, puedes realizar un pespunte al canto (1 mm).

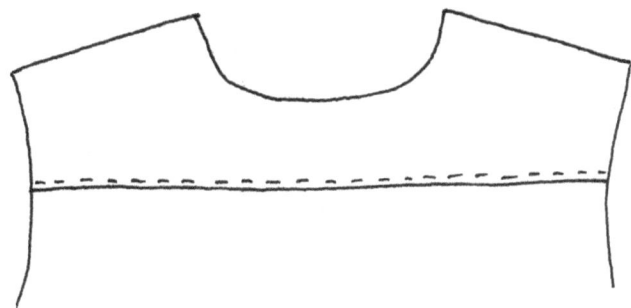

La abertura de la manga

El vivo y la sardineta de la manga se cosen a unos 5 mm de la abertura. El vivo va en el lado estrecho y la sardineta en el lado ancho.

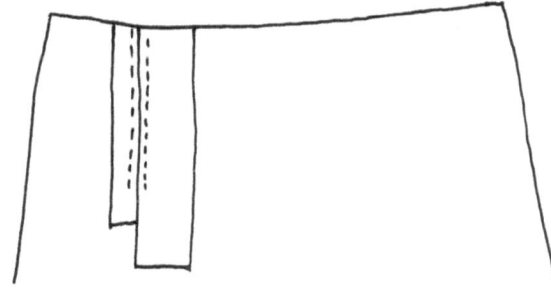

Imagen 16

Corta por la línea de la abertura realizando al final de la misma un corte con forma triangular que acabe justo después de la última puntada.

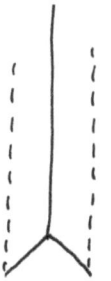

Imagen 17

Dobla el vivo, plánchalo dos veces a un ancho de 0,5 cm y luego pasa un pespunte a lo largo del mismo. También puedes sujetarlo con puntadas invisibles a mano y coserlo a máquina desde arriba posteriormente.

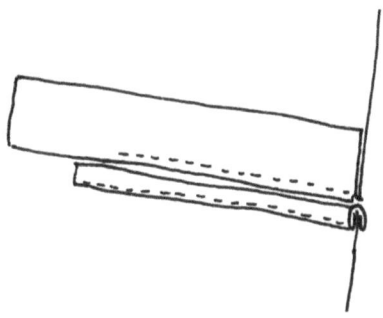

Por el interior, pasa una costura que una el vivo al "triángulo" para que la abertura se vea limpia.

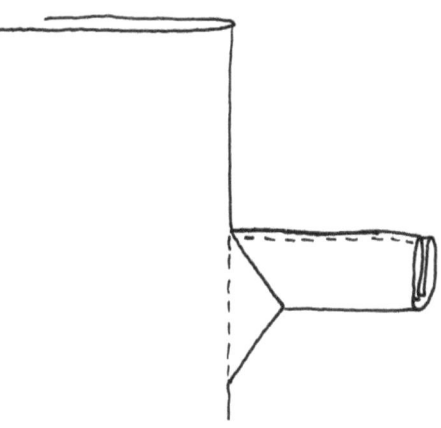

Imagen 18

La sardineta se debe planchar y doblar a 1 y 2 cm. La parte superior puede tener forma triangular o cuadrada dependiendo de tu diseño.

Imagen 19

Cose la sardineta desde arriba. Debes asegurarte de que esta pieza esté bien sujeta. Para ello, en primer lugar, puedes sujetarla con puntadas invisibles realizadas a mano y, después, realizar la costura definitiva a máquina.

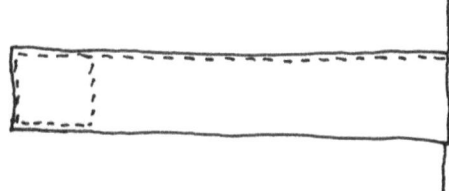

Imagen 20

Se debe obtener como resultado una abertura limpia y con una forma bien definida.

La camisa

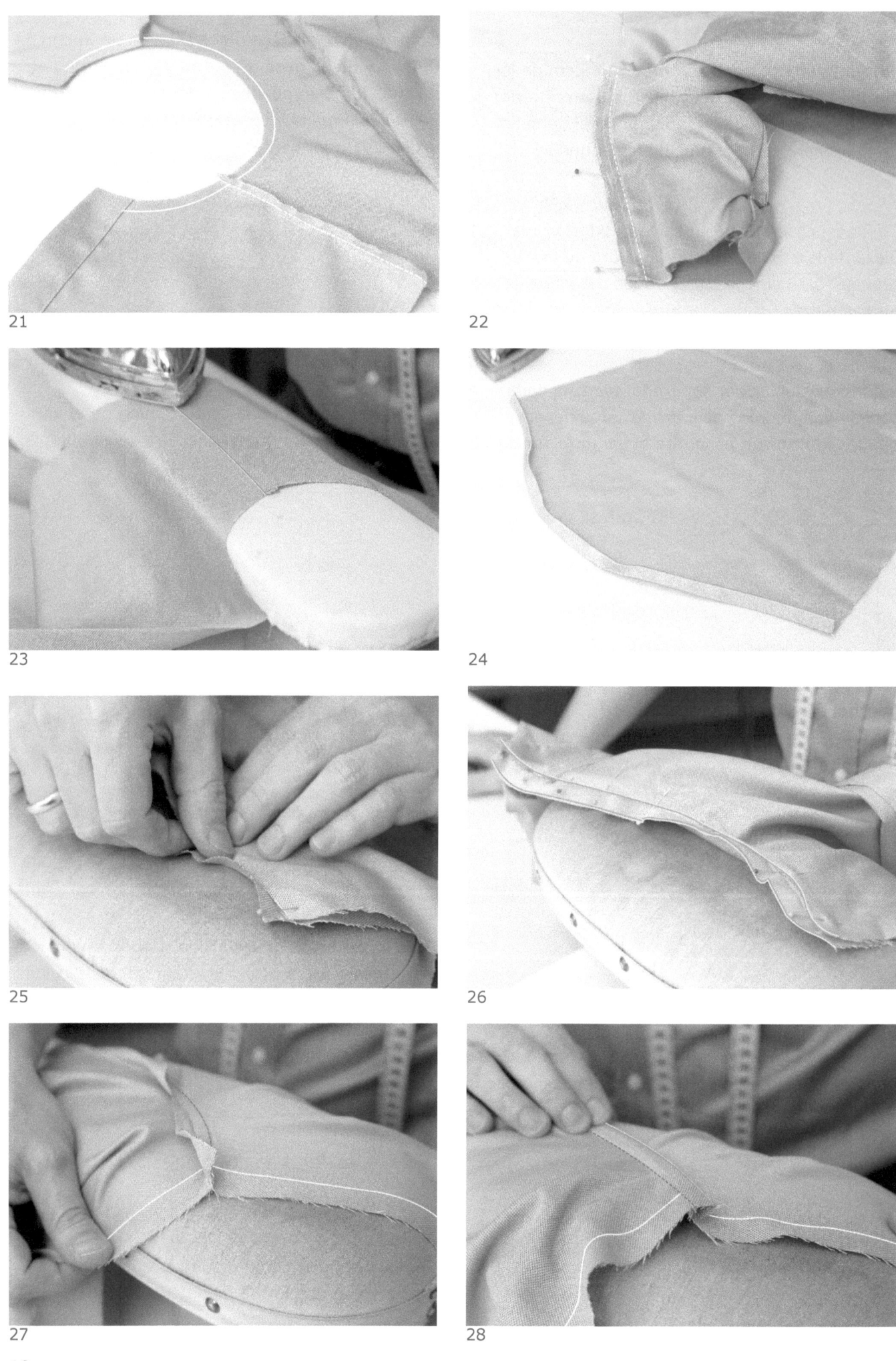

21

22

23

24

25

26

27

28

18

Cierre de la costura del hombro

Imagen 21
El hombro del delantero se cose al canesú trasero exterior con una costura realizada a 5 mm del borde, encarando los derechos. Ten cuidado de no confundir los hombros derecho e izquierdo.

Imagen 22
Después, encara el revés del hombro delantero con el derecho del canesú interior y únelos con una costura de ancho estándar (0,75 cm). Esta construcción es algo compleja, pero te será más fácil de realizar según vayas adquiriendo más experiencia. Si te resulta más sencillo, puedes planchar el margen de costura del hombro del canesú interior, posicionarlo sobre el margen de costura del hombro delantero y finalizar el montaje con puntadas invisibles.

Imagen 23
A continuación, plancha la costura del hombro con cuidado.

Incorporación de la manga

Para mejorar el ajuste, y si el patrón de la manga es simétrico en la parte de la copa (también llamada corona), reduce en 1 cm su altura en la parte delantera (d). Esto ofrecerá mayor libertad de movimiento.

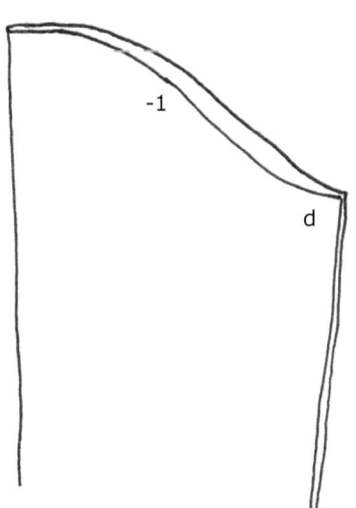

Imagen 24
Dobla el margen de costura de la copa de la manga 0,75 cm hacia el lado derecho del tejido (este es el lado mostrado en la imagen). Al principio, se suele pensar que esto es un error, pero la explicación se facilitará en la imagen 28.

Costura del hombro e incorporación de la manga

Imágenes 25/26
A continuación, con ayuda de alfileres, coloca el margen de la sisa del cuerpo dentro del margen de costura doblado de la copa de la manga, encarando los derechos. Asegúrate de no confundir las partes delanteras con las traseras.

Imagen 27
Realiza la primera costura para unir la copa de la manga a la sisa del cuerpo. Para ello, debes iniciar la costura colocando la prenda de tal manera que la manga quede encarada hacia la base de la máquina y sea el cuerpo el que quede por encima.

Imagen 28
Al acabar, plancha la costura utilizando el margen doblado previamente de la copa de la manga para envolver la costura de la sisa.

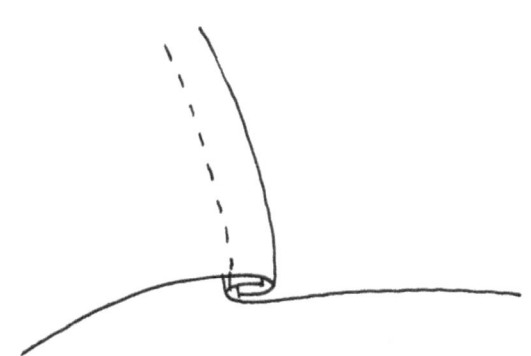

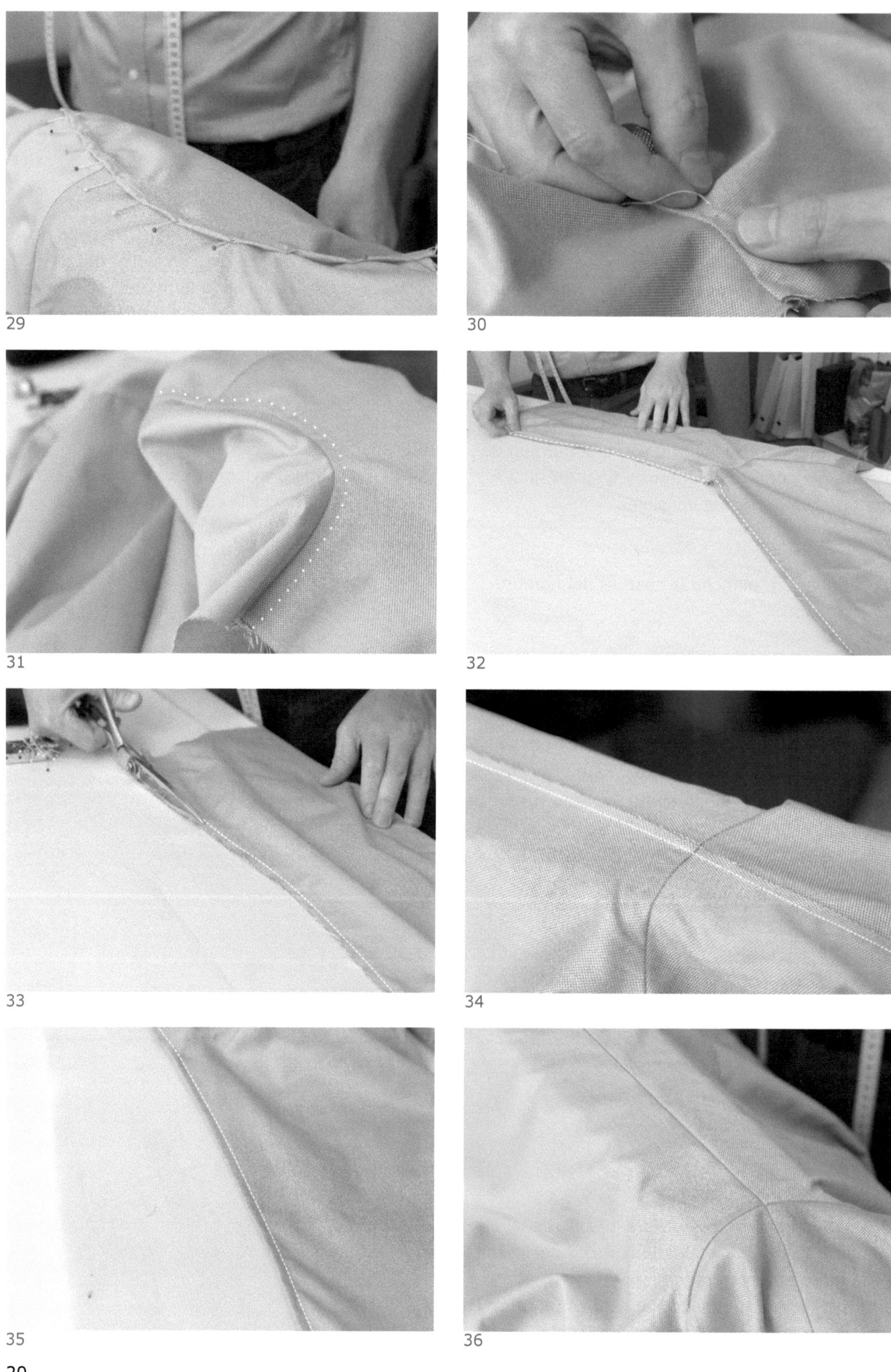

29

30

31

32

33

34

35

36

Finalización de la copa de la manga

Imagen 29
Sujeta la costura de la copa de la manga con alfileres o con un hilván.

Imagen 30
La finalización de esta costura puede ser llevada a cabo con un punto pinchazo *(prick stich)* realizado a un ancho de 0,75 cm. Si lo deseas, también puedes terminar esta costura a máquina. En cualquier caso, es fundamental que la costura quede bien sujeta.

Imagen 31
Finalmente, plancha la costura asegurándote de que quede bien plana y sin tensión.

Cierre de la costura del costado

Imagen 32
Encarando los reveses, une los costados delantero y trasero asegurándote de que los extremos de la costura de la copa de la manga queden situados perfectamente uno encima del otro. Sujeta toda la costura desde el bajo de la prenda hasta el bajo de la manga con alfileres y cósela a máquina a un ancho de 0,75 cm.

Imagen 33
Recorta el margen de costura dejándolo a un ancho de 0,5 cm. Evita que se deshilache el tejido para que una vez terminada la prenda no se asomen fibras por la costura.

Imagen 34
Plancha el margen de costura y cárgalo hacia un lado. Utiliza la tabla para panchar mangas. Después, da la vuelta a la prenda.

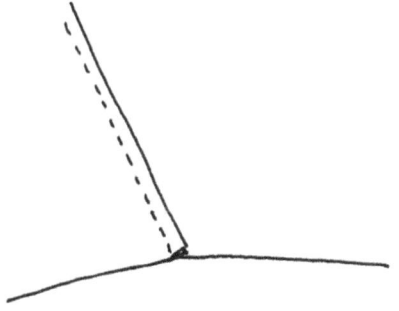

Imagen 35
Plancha la costura por el revés y pasa un segundo pespunte a un ancho regular (0,75 cm). Con esta construcción se consigue que el interior de la prenda quede limpio.

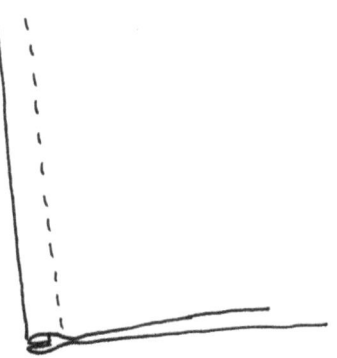

Imagen 36
Para terminar, vuelve a darle la vuelta a la prenda y plancha el margen de costura cargándolo hacia la espalda.

En el punto en que se encuentran la costura del costado y la de la copa de la manga se debe formar una "cruz", produciéndose una alineación perfecta entre los segmentos de cada una de ellas.

Si el afinado de la costura que se indicaba en la descripción de la imagen 33 se hizo de forma correcta y precisa, no se deberían observar hilos saliendo del interior de la misma por el derecho de la prenda.

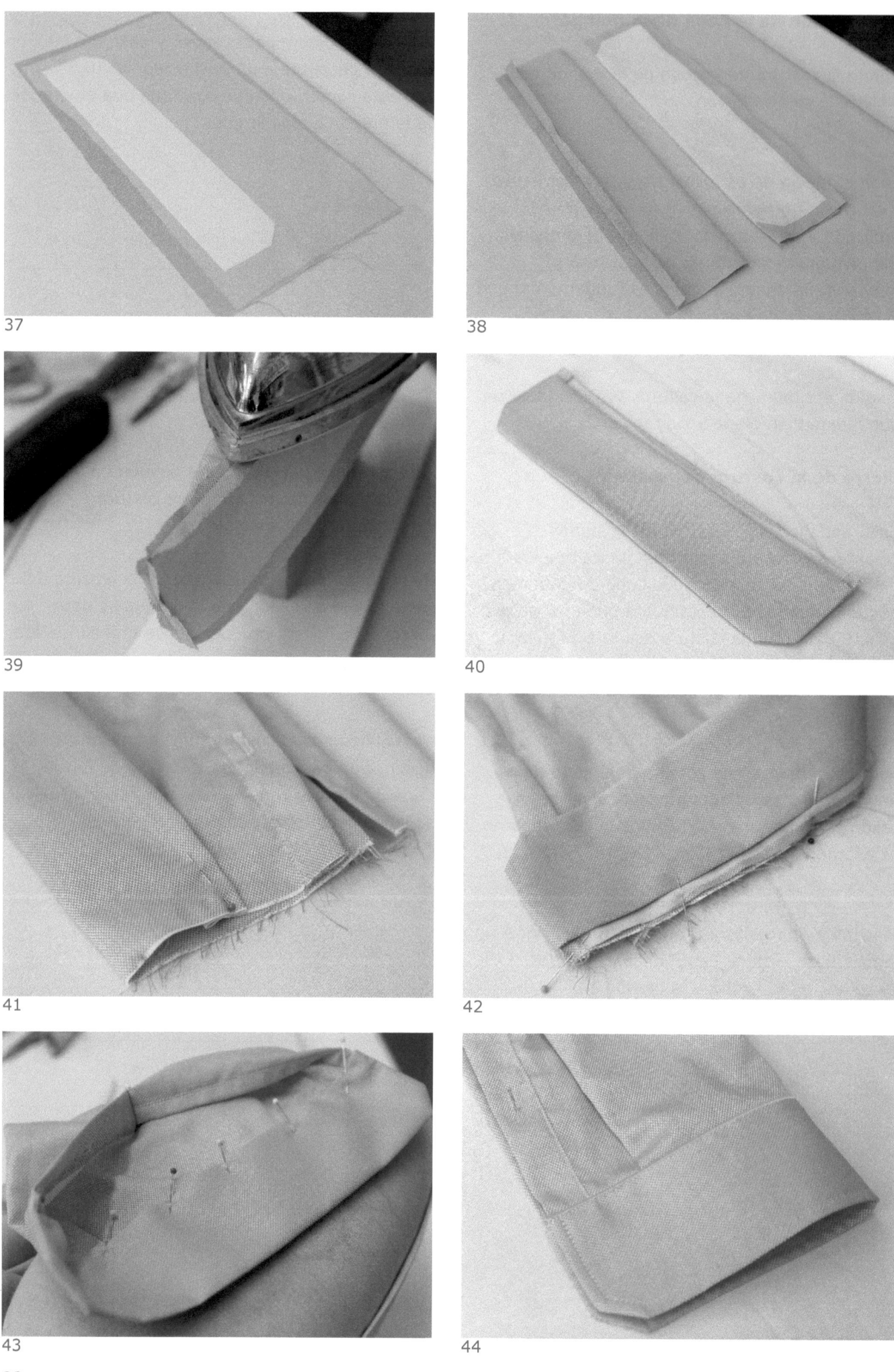

37

38

39

40

41

42

43

44

Montaje de los puños

Imagen 37

Pega una entretela fina termoadhesiva que cubra toda la pieza del puño por el revés. Después, pega otra pieza de entretela más gruesa encima de la primera con la forma exacta del puño acabado.

Imagen 38

Ahora, dobla el puño encarando los derechos. Dobla 0,75 cm hacia el interior el margen de costura del lado que no tiene la segunda pieza de entretela. A continuación, cose los lados del puño quedándote a 1 mm de los bordes de la segunda pieza de entretela.

Imagen 39

Recorta un poco los márgenes de costura, rebaja las esquinas y plancha la pieza.

Imagen 40

Vuelve el puño hacia el derecho y plánchalo.

Imagen 41

Marca los pliegues del bajo de la manga orientándolos hacia la abertura como se ve en la imagen (los patrones de algunas mangas de camisa podrían incluir 2 e incluso 3 pliegues).

Imagen 42

Sujeta el puño con alfileres al bajo de la manga, encarando los derechos de ambas piezas. El vivo y la sardineta de la manga deben ser agarrados de manera precisa en cada extremo del puño. Si es necesario, puedes modificar la profundidad de los pliegues para igualar la anchura del contorno del bajo de la manga con la medida del puño.

Imagen 43

Une a máquina el puño a la manga a un ancho de 0,75 cm y plancha la costura. Por el interior, sujeta con alfileres la cara del puño que no has cosido y termínalo usando puntadas invisibles.

Imagen 44

Por último, cose alrededor del puño. Primero, cose al canto (1 mm) el borde del puño que une con la manga. Después, a modo de decoración, puedes pasar un pespunte a un ancho de 5 mm desde cada uno de los bordes restantes.

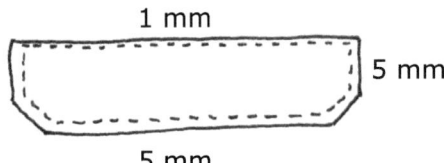

La camisa

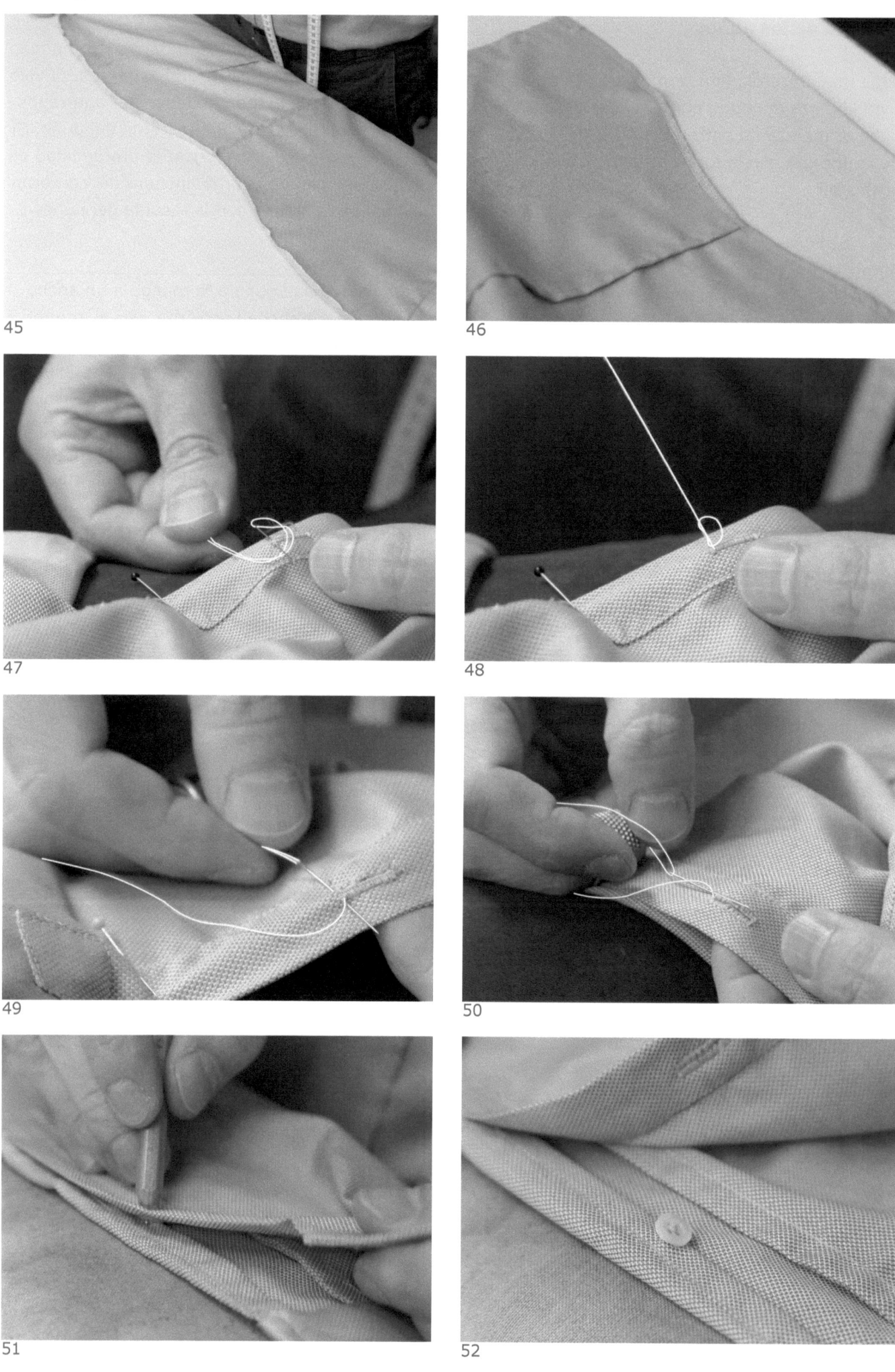

45

46

47

48

49

50

51

52

El bajo de la camisa

Imagen 45

Si los costados delantero y trasero no miden lo mismo, se deben igualar. Dobla y plancha el bajo hacia el interior en un ancho de 0,5 cm. Cuanto más estrecho sea el doblez, más fácil será el proceso de confección y mejor aspecto tendrá.

Imagen 46

Redobla el bajo y cóselo de manera uniforme a mano o a máquina.

Los ojales de la abertura de la manga

Compara estos ojales con los descritos en la página 51. Los ojales de camisa se hacen con un hilo más grueso (50 Tex aprox.) Primero, pasa una costura de puntada estrecha a máquina a cada lado del ojal y, después, ábrelo mediante un corte. A continuación, coloca hilo de cordelina con la forma del ojal para darle volumen.

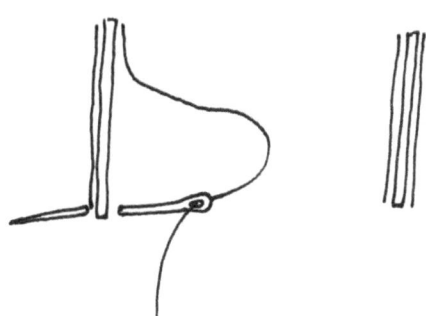

Pasa la aguja a través del ojal y atraviesa el tejido justo al final de la puntada a máquina.

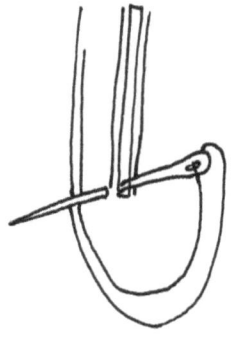

Imagen 47

Coloca el hilo debajo de la aguja desde abajo.

Imagen 48

Recoge la aguja, tira del hilo y cierra el nudo que se ha formado. La dirección en la que se tira del hilo es también la dirección a la que apunta el nudo.

Perfora cerca del primer nudo a una distancia uniforme y repite el proceso hacia el otro extremo del ojal.

Imagen 49

Ahora, perfora hacia arriba desde abajo en el extremo izquierdo del ojal. En el extremo derecho perfora hacia abajo y crea la presilla.

Después de repetirlo 3 veces, perfora hacia arriba justo en la mitad del ojal y vuelve a clavar la aguja en la presilla.

Para realizar la primera puntada al otro lado del ojal, perfora al lado de la presilla y luego clava dentro del último nudo del lado contrario. Ahora, pasa la aguja a través del ojal y atraviesa el tejido hacia fuera justo detrás de la puntada.

Imagen 50

Crea otra presilla en el otro extremo del ojal y remata el hilo por el revés.

Imagen 51

Cierra la abertura de la manga haciendo que el tejido repose de manera natural y atraviesa el centro del ojal con un lápiz para marcar la posición del botón.

Imagen 52

Cose el botón con precisión en la marca de lápiz dejando un tallo corto.

53

54

55

56

57

58

59

60

Entretelado del cuello

Imagen 53

Por el revés del tejido, aplica una entretela termoadhesiva fina a una de las piezas del pie de cuello y otra a la pieza exterior del cuello. En una entretela de mayor grosor, recorta una pieza con la forma del pie de cuello terminado y otra con la de la pieza del cuello terminado.

Creación de los túneles para las ballenas

Si lo deseas, puedes crear un túnel en la capa inferior del cuello para poder introducir ballenas que aporten rigidez a las puntas de la pieza. Debes dibujar en el cuello tanto la estructura como la posición de los túneles.

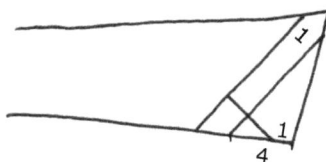

Imagen 54

Primero, realiza un corte en la marca del túnel como se ve en la imagen.

Imagen 55

Después, gira hacia el interior las esquinas del corte para formar "triángulos" y cóselos por el derecho del tejido.

Imagen 56

A continuación, marca el túnel con una tiza sublimable por el derecho del tejido y coloca un trozo de tejido por debajo (presta atención a la dirección del hilo del mismo).

Imagen 57

Sujeta el trozo de tejido incorporado realizando las costuras que delimitarán el túnel.

Imagen 58

Tras realizar las costuras, perfila y recorta ligeramente el trozo de tejido por el revés.

Unión de las dos piezas del cuello

Imagen 59

Junta las dos capas de tejido que forman la pieza del cuello encarando los derechos y cóselas a máquina realizando un pespunte a 1 mm de la entretela de mayor grosor.

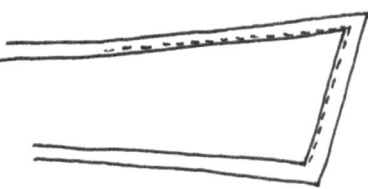

Plancha las costuras, recorta los márgenes y afina las esquinas.

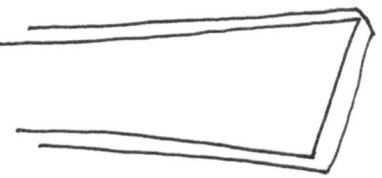

Gira el cuello hacia el derecho, plánchalo y cose alrededor a un ancho de 5 mm. Para un mejor acabado, debes cantear los márgenes con la plancha, es decir, desplazar levemente hacia la capa interna del cuello la línea de costura del perímetro de la pieza para que no se vea por el derecho.

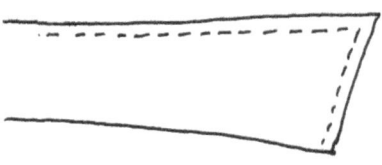

Imagen 60

Sujeta las dos capas del cuello pasando un hilván por el margen que queda abierto (el lado por el que se unirá al pie de cuello). Esta operación se debe realizar curvando ligeramente la pieza en posición cóncava, con la capa interior del cuello (la capa con los túneles para las ballenas) hacia arriba. De este modo, se reduce de manera sutil la longitud de este lado de la pieza, obligando a que esta, por efecto de la tensión, una vez finalizado el montaje, gire y se asiente mejor alrededor del cuello del usuario.

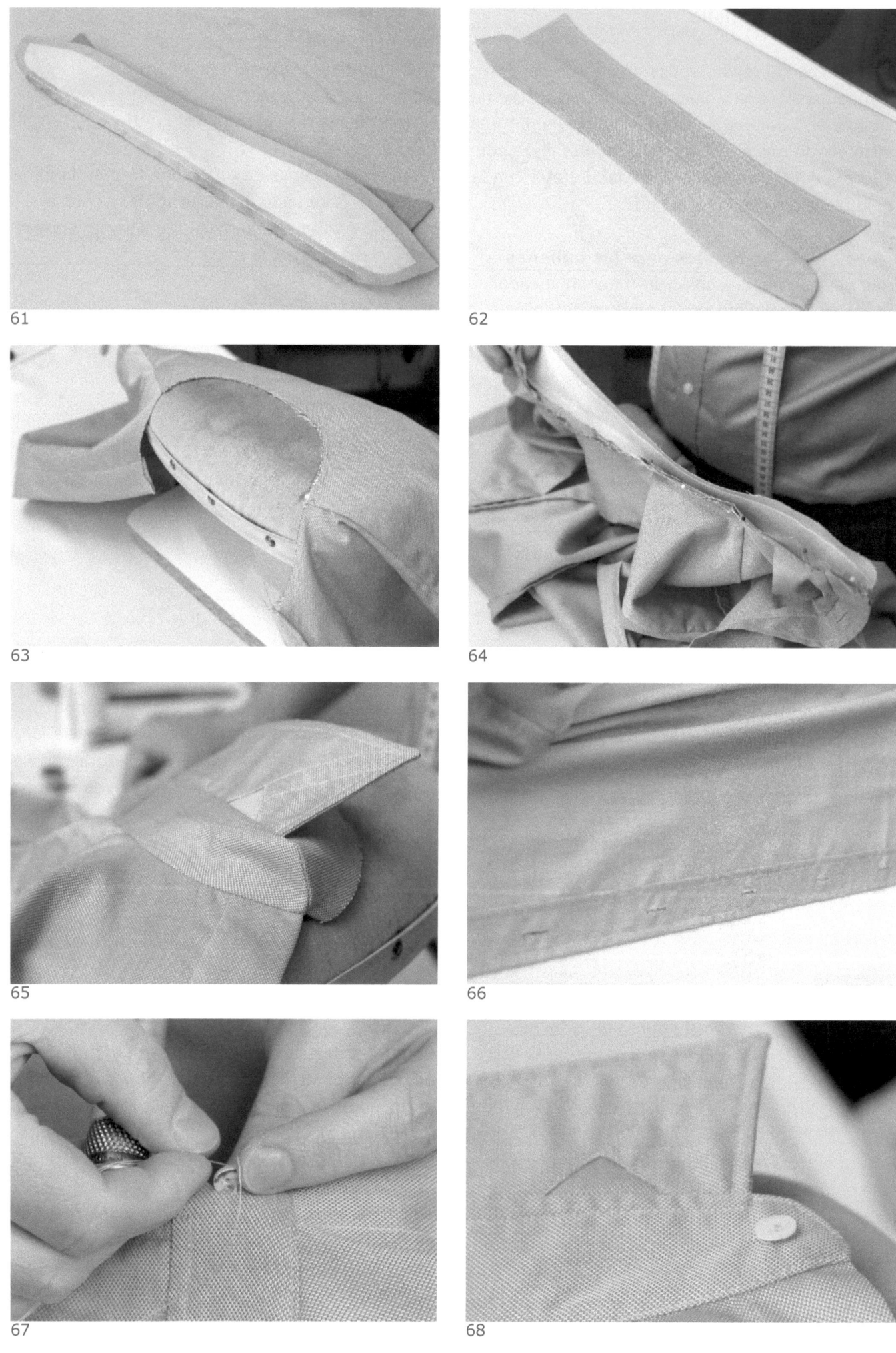

61

62

63

64

65

66

67

68

Unión del pie de cuello

Imagen 61

Coloca el pie de cuello centrado con la pieza del cuello. Posa la cara entretelada del pie de cuello sobre el lado más rígido del cuello y une las piezas con una costura realizada a un ancho de 5 mm. Después, sujeta con alfileres la otra cara del pie de cuello y cose alrededor a 1 mm del margen de la entretela gruesa (excepto por el margen al que se unirá al escote en el cuerpo).

Imagen 62

Plancha las costuras y recorta a 5 mm los márgenes de las mismas. Gira el pie de cuello hacia el derecho y plánchalo.

Unión del cuello al escote de la camisa

Imagen 63

Coloca el escote de la camisa sobre un cojín de planchado sin que se formen arrugas e hilvana las dos capas que forman el canesú trasero. Marca el centro del escote trasero tanto en el canesú como en el pie de cuello.

Imagen 64

Sujeta el pie de cuello con alfileres de tal manera que la cara sin entretelar quede hacia afuera y la cara entretelada quede enfrentada con el escote.

Debes asegurarte de que los recorridos del escote del cuerpo y el pie de cuello tienen exactamente la misma longitud.

Imagen 65

Cose a máquina el pie de cuello al escote a un ancho de 0,75 cm. Plancha la costura y sujétala con alfileres por el interior. Si lo deseas, puedes cerrar y concluir el montaje del cuello con puntadas invisibles realizadas a mano.
Para finalizar, se debe coser alrededor de todo el pie de cuello. Por un lado, pasa una costura al canto (a 1 mm del borde) por el margen al que se une con el escote del cuerpo y por la parte curvada que se corresponde con el cruce del centro delantero. Por otro lado, pasa una costura realizada a 5 mm que abarque toda la extensión donde va insertada la pieza del cuello.

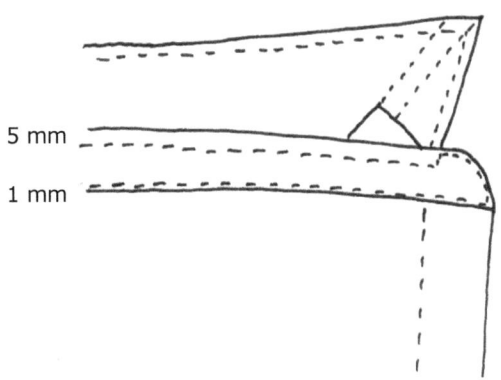

5 mm
1 mm

Imagen 66

El siguiente paso consiste en realizar los ojales en la tapeta de la camisa y en el pie de cuello. Márcalos, cose alrededor, ábrelos y cóselos a mano. Consulta la sección donde se explica la confección de los ojales de la abertura de la manga en la página 25 para más información. El primer ojal del centro delantero se realiza a unos 6 cm por debajo de la línea del escote, existiendo una distancia de unos 9 cm entre el resto de ojales.

Imagen 67

Marca con un lápiz la posición de los botones a través del centro de cada ojal, cruzando los márgenes delanteros de tal manera que repose uno sobre otro en su posición natural (como cuando la camisa esté cerrada). Realiza la misma operación para marcar la posición del botón del pie de cuello (puedes consultar la imagen 51 de la página 24 para más información).

Imagen 68

Por último, cose todos los botones dejando tallos cortos.

69

Enlace a vídeos
del montaje del
pantalón

https://www.becomeatailor.com/videos-trousers/

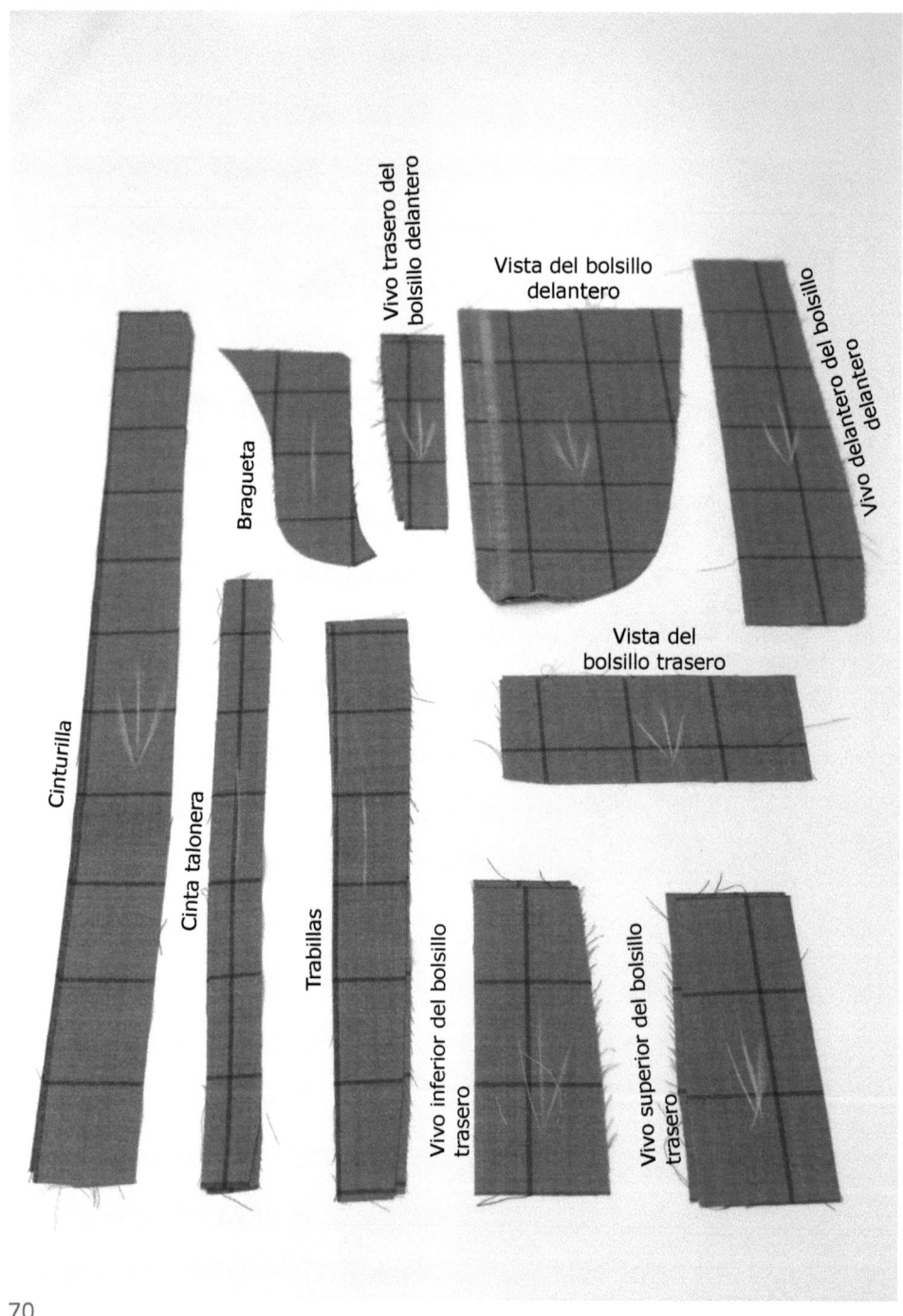

70

Componentes del pantalón

Cinturilla: largo = 1/2 contorno de cintura + 20 cm; ancho = 5,5 cm

Cinta talonera: largo = contorno del bajo + 5 cm; ancho = 3 cm

Trabillas: largo = 40 cm; ancho = 3,5 cm

Vivos de los bolsillos traseros: largo = 20 cm; ancho = 5 cm

Vista de los bolsillos traseros: largo = 20 cm; ancho 10 cm

Vivo trasero de los bolsillos delanteros: largo = 20 cm; ancho = 5 cm

Vivo delantero de los bolsillos delanteros: largo = 30 cm; ancho = 5 cm

Braguetas izquierda y derecha: ver plantillas en la página 124.

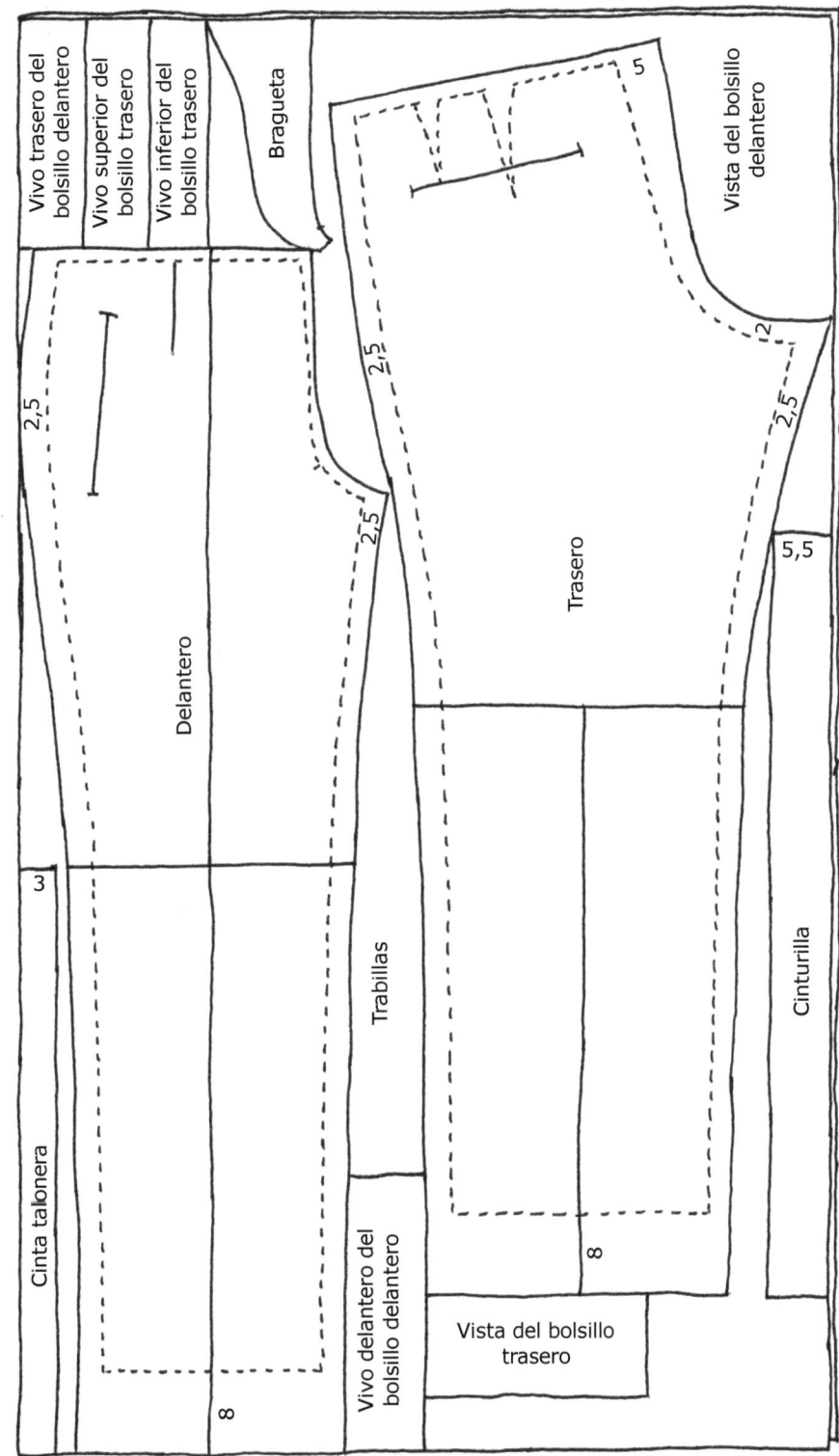

The following labels appear within the pattern diagram:

Vivo trasero del bolsillo delantero

Vivo superior del bolsillo trasero

Vivo inferior del bolsillo trasero

Bragueta

Vista del bolsillo delantero

5

2

2,5

2,5

5,5

Trasero

2,5

2,5

Delantero

3

Cinta talonera

Trabillas

Cinturilla

8

8

Vivo delantero del bolsillo delantero

Vista del bolsillo trasero

8

Corte de las piezas del pantalón

Es importante prestar atención a la dirección del hilo y las fibras de los tejidos que vayas a usar. Para ello, pasa la mano por la superficie del tejido en varias direcciones. Con el tiempo serás capaz de reconocer fácilmente estos aspectos. Por tanto, a la hora de cortar el tejido, las perneras delanteras y traseras del pantalón deben ir colocadas con la misma orientación o, de lo contrario, la luz hará que se vean diferentes. Consulta también la explicación de los márgenes de costura en la página 13.

Medidas para las piezas de forro

Forro de los bolsillos traseros: largo = 45 cm; ancho = 20 cm

Forro de la cinturilla: largo = 1/2 cintura + 10 cm; ancho = 11,5 cm

Forro de la bragueta: largo = 30 cm; ancho = 15 cm

Forro para los bolsillos delanteros: consulta las imágenes 139 y 140 de la página 52.

Entretela de crin de caballo para la cinturilla: largo = 1/2 cintura + 15 cm; ancho = 3,8 cm (consulta la página 63).

El pantalón

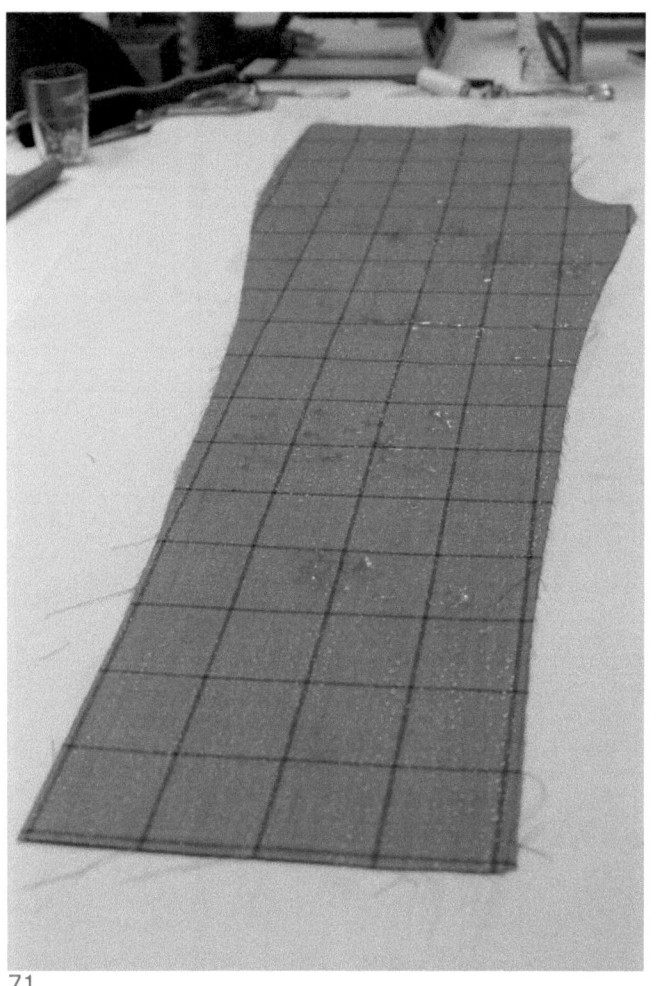

71

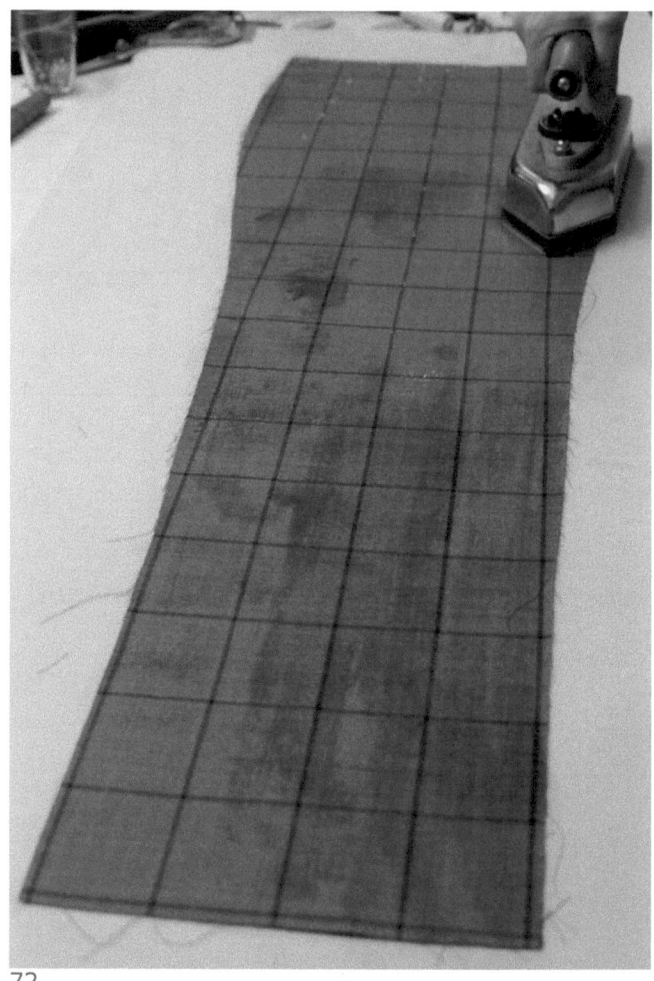

72

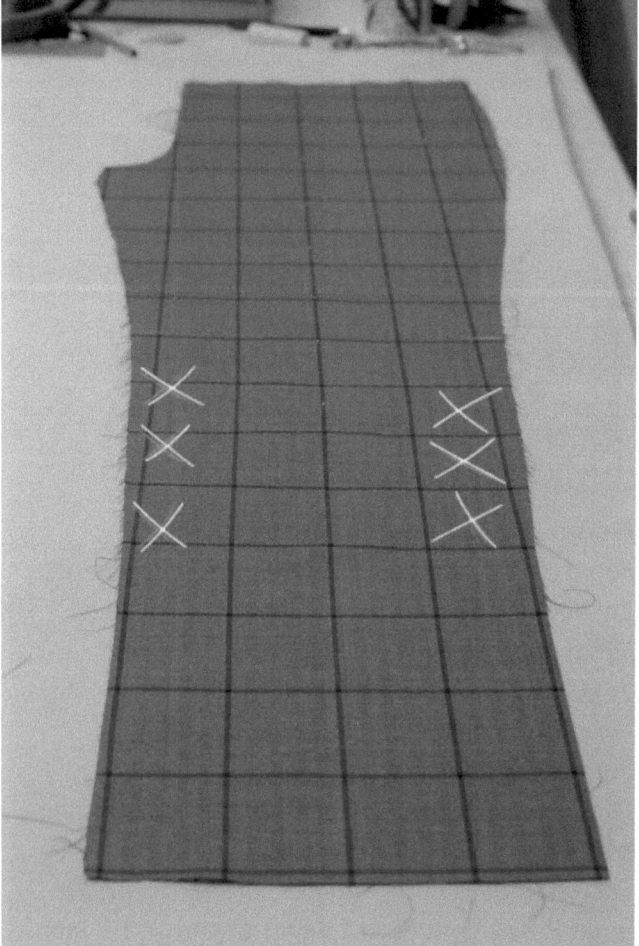

73

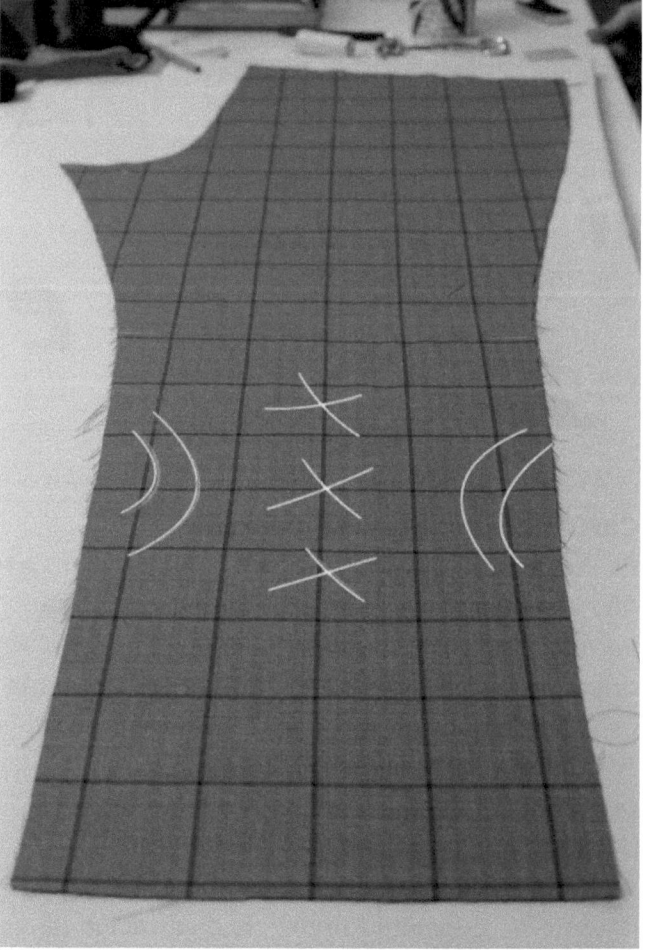

74

34

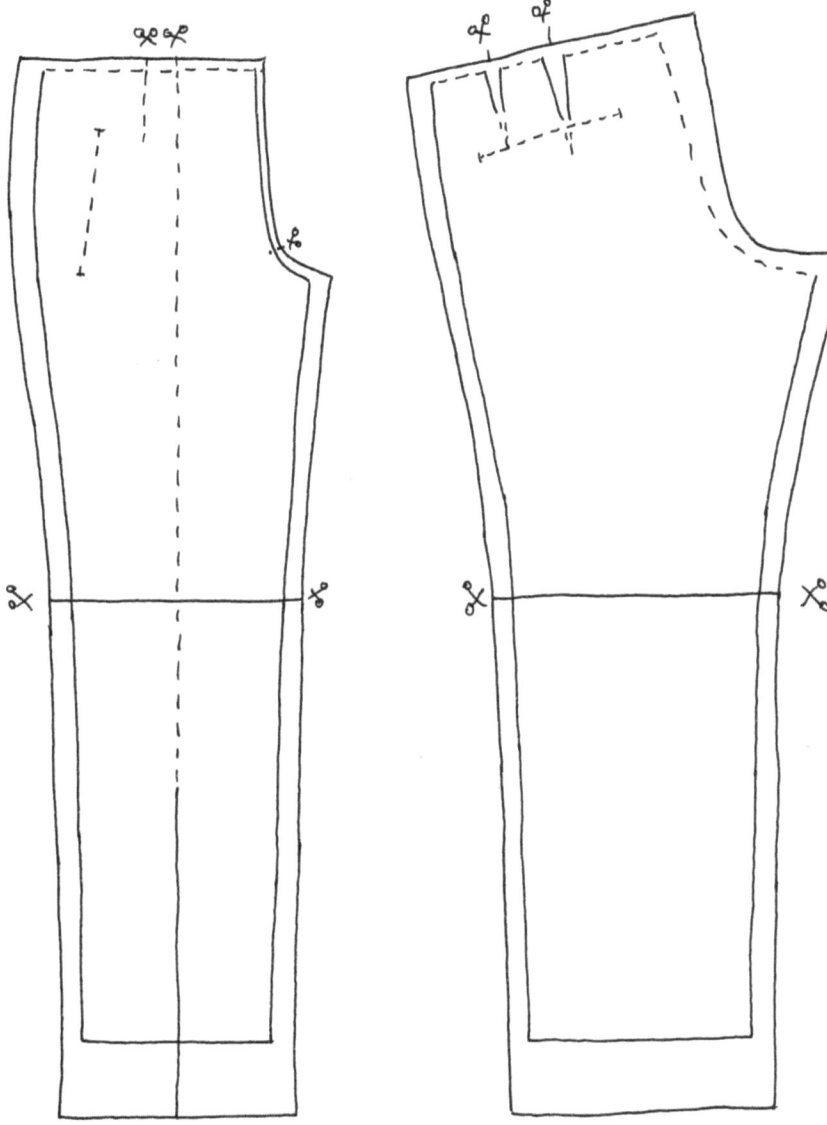

Hilvanado

En las perneras delanteras, hilvana la líneas del quiebre (el eje central de la pernera), el pliegue, la abertura del bolsillo y la cintura. Además, se debe realizar un corte de unos 4 mm (piquete) al final de la bragueta, la línea de la rodilla, la del pliegue y la de quiebre. En las perneras traseras, hilvana la costura del centro trasero, los vértices de las pinzas, la abertura del bolsillo y la línea de la cintura. De nuevo, realiza piquetes para marcar la línea de la rodilla y el comienzo de las pinzas.

Imagen 71

Humedece las dos piezas de cada pernera con un cepillo o vaporizador.

Imagen 72

Luego, sécalas con la plancha. Esto hace que el tejido pierda la tensión generada durante su fabricación, haciendo que encoja entre un 1 y un 2%.

Realiza la misma operación por el otro lado para conseguir el mismo resultado en ambas piezas.

Moldeado con la plancha

Imagen 73

Las cruces marcan las zonas que se deben estirar; las líneas curvas indican zonas que se deben reducir. En los delanteros (con las dos piezas juntas) se debe estirar la zona por debajo de la rodilla para respetar el volumen de las tibias. Haz esto también con la capa que queda por debajo.

Imagen 74

Los traseros se deben estirar por debajo de la rodilla para respetar el gemelo y reducir en los márgenes interior y exterior. En tejidos de cuadros, esta acción se debe realizar tras acabar el modelo, ya que, de lo contrario, los motivos no casarán. Por otro lado, estirar la costura de la entrepierna por encima de la rodilla siempre ayuda a mejorar la caída de la prenda.

El pantalón

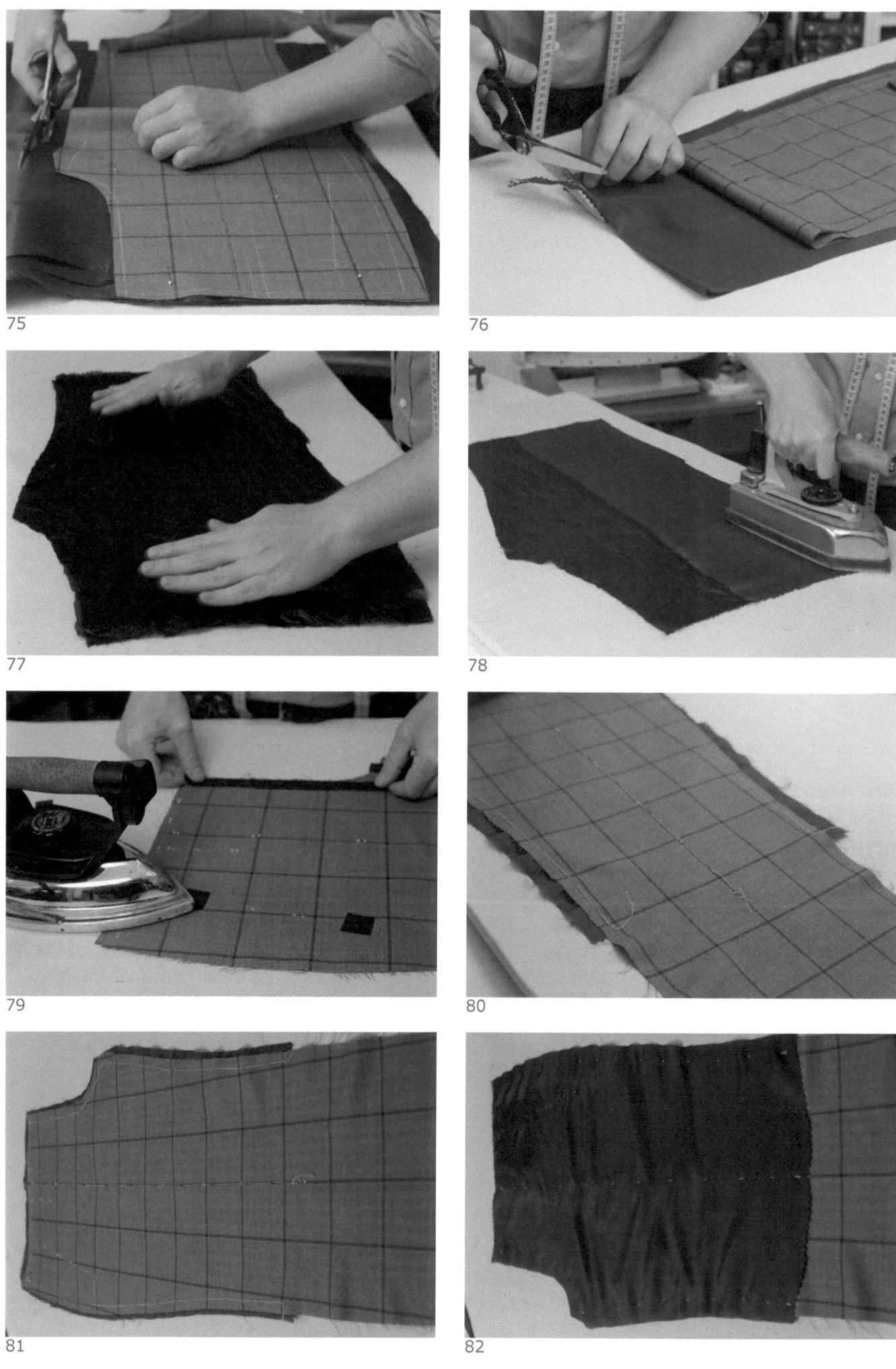

75

76

77

78

79

80

81

82

"Cargar" a izquierda o a derecha

El término "cargar" hace alusión al lado hacia el cual, de manera natural, se orienta el pene del hombre. Por ello, para conseguir una caída perfecta del pantalón, es necesario que el lado hacia el que "carga" el usuario tenga algo más de anchura. Así, se deben recortar unos 0,75 cm en la zona de la bragueta y el tiro de la pernera opuesta. Tan solo sitúa esta pernera encima de la que necesitará más espacio y recorta 0,75 cm desde el centro delantero utilizando la pernera que queda debajo como guía. Ambos delanteros deben coincidir en anchura a la altura de la rodilla.

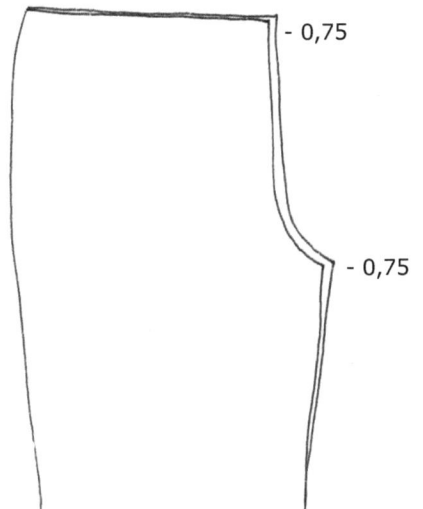

- 0,75

- 0,75

Corte del forro delantero

Imagen 75

Al cortar el forro delantero se deben dejar 1,5 cm de margen por cada lateral del patrón. Si necesitas ahorrar tejido, puedes recortar el forro al hilo o al contrahilo dependiendo de la longitud del delantero.

Imagen 76

Corta el bajo del forro de manera precisa utilizando la tijera de corte en zig-zag para evitar que se deshilache. Es preferible esta terminación en lugar de rematar el bajo usando la remalladora para evitar que la costura se marque por el derecho del tejido al planchar el pantalón.

Planchado del forro delantero

Imagen 77

Después, sumerge la pieza de forro en agua tibia y escúrrela brevemente. También puedes empaparla usando un vaporizador.

Imagen 78

Seca los forros individualmente con la plancha para que encojan por la acción del calor y la humedad. Esto evitará que tengas que hacerlo más adelante.

Reforzar las aberturas de los bolsillos

Imagen 79

Primero, refuerza las aberturas junto a sus márgenes aplicando una tira de entretela termoadhesiva fina.

Hilvanar el forro delantero

Imagen 80

Después, coloca el delantero encima de su forro y une ambas piezas mediante un hilván realizado en la línea de quiebre (el eje central de la pernera). Debes alisar suavemente el tejido superior, lo que provocará que el forro adquiera cierto volumen (entre 1 y 1,5 cm aproximadamente). Haz lo mismo en el costado, la entrepierna y la bragueta. Recuerda hilvanar siempre desde la cintura hacia abajo.

Imagen 81

Hilvana el forro al género en la zona de la cintura y en la abertura del bolsillo.

Imagen 82

Comprueba por el revés si la holgura del forro está bien repartida. Si el forro tira o está tenso en algún punto deberás rehacer el hilván.

Remallar los delanteros y los traseros

Si todo tiene buen aspecto, puedes remallar el costado, la bragueta y la entrepierna de las perneras delanteras (incluyendo a la vez el forro, cuyos márgenes laterales serán recortados por la cuchilla de la remalladora e igualados con respecto al tejido de género). En el caso de las perneras traseras, solo remalla los costados y las entrepiernas.

También puedes rematar estos márgenes de los patrones con una puntada en zig-zag o a mano, recortando previamente el exceso de los márgenes del forro con la tijera.

83

84

85

86

87

88

89

90

Confección de las pinzas

Imagen 83

Traza el dibujo de las pinzas y plancha doblándolas por su eje central. Al coser, debes utilizar una puntada corta en la zona del vértice. Al finalizar la costura, realiza un nudo con los extremos de los hilos de la aguja y la canilla.

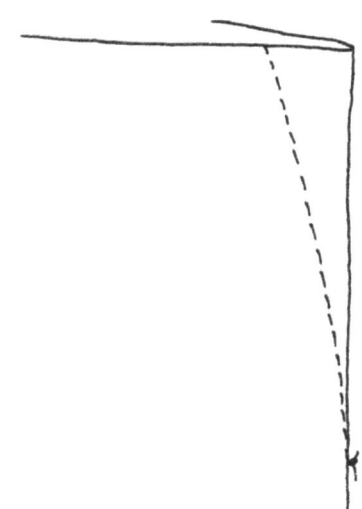

También puedes rematar la costura con la función de retroceso de puntada de la máquina de coser. Para ello, llega hasta el vértice de la pinza y, a partir de ahí, retrocede unos 2 cm y remata la costura a esa altura. Luego corta los hilos. Con ambos métodos evitarás un mal acabado justo en la punta de la pinza.

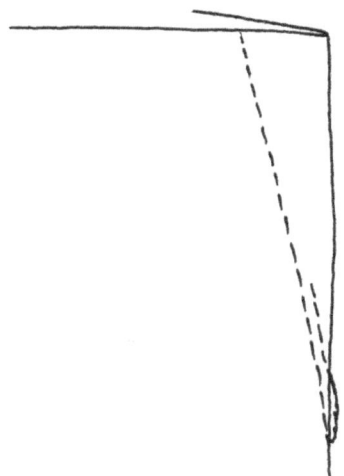

Imagen 84

Plancha las pinzas cargándolas hacia el costado. Dado que al cerrar la pinza el patrón aquiere volumen (deja de quedar plano) en la zona de la cintura, al pasar la plancha, debes tener en cuenta esta nueva condición, respetando y fomentando el volumen generado.

Incorporación de los fondos del bolsillo trasero

Imagen 85

Si es necesario (como, por ejemplo, en tejidos que se deshilachan fácilmente), o simplemente por seguridad, los márgenes de la abertura del bolsillo se deben reforzar con una entretela termoadhesiva fina. Asegúrate de que posteriormente los fondos del bolsillo cubren las piezas de entretela.

Imagen 86

Transfiere las marcas de la abertura el bolsillo al derecho del tejido.

Imagen 87

Dobla el margen superior del fondo del bolsillo unos 2 cm hacia el revés del tejido y colócalo sobre la marca. Ambos extremos laterales también deberían sobresalir 2 cm por cada lado de la marca de la abertura.

Imagen 88

Desdobla la parte doblada e hilvana la pieza con algo de holgura (solo unos pocos milímetros).

Hilvanar los vivos

Imágenes 89/90

Coloca el patrón trasero del pantalón sobre un cojín de planchado e incorpora los vivos situando uno frente al otro separados por poca distancia. En ambos vivos el hilo y la orientación del pelo deben ir en la misma dirección que la pernera (consulta la explicación del corte en la página 33). Si el tejido tiene algún dibujo, este debe tener continuidad entre los vivos y las perneras. Después, transfiere a los vivos el comienzo y el final de la abertura y cóselos a un ancho de unos 0,5 cm.

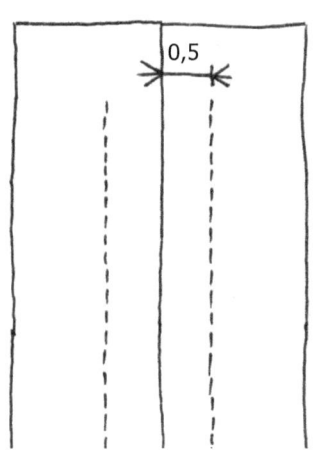

El pantalón

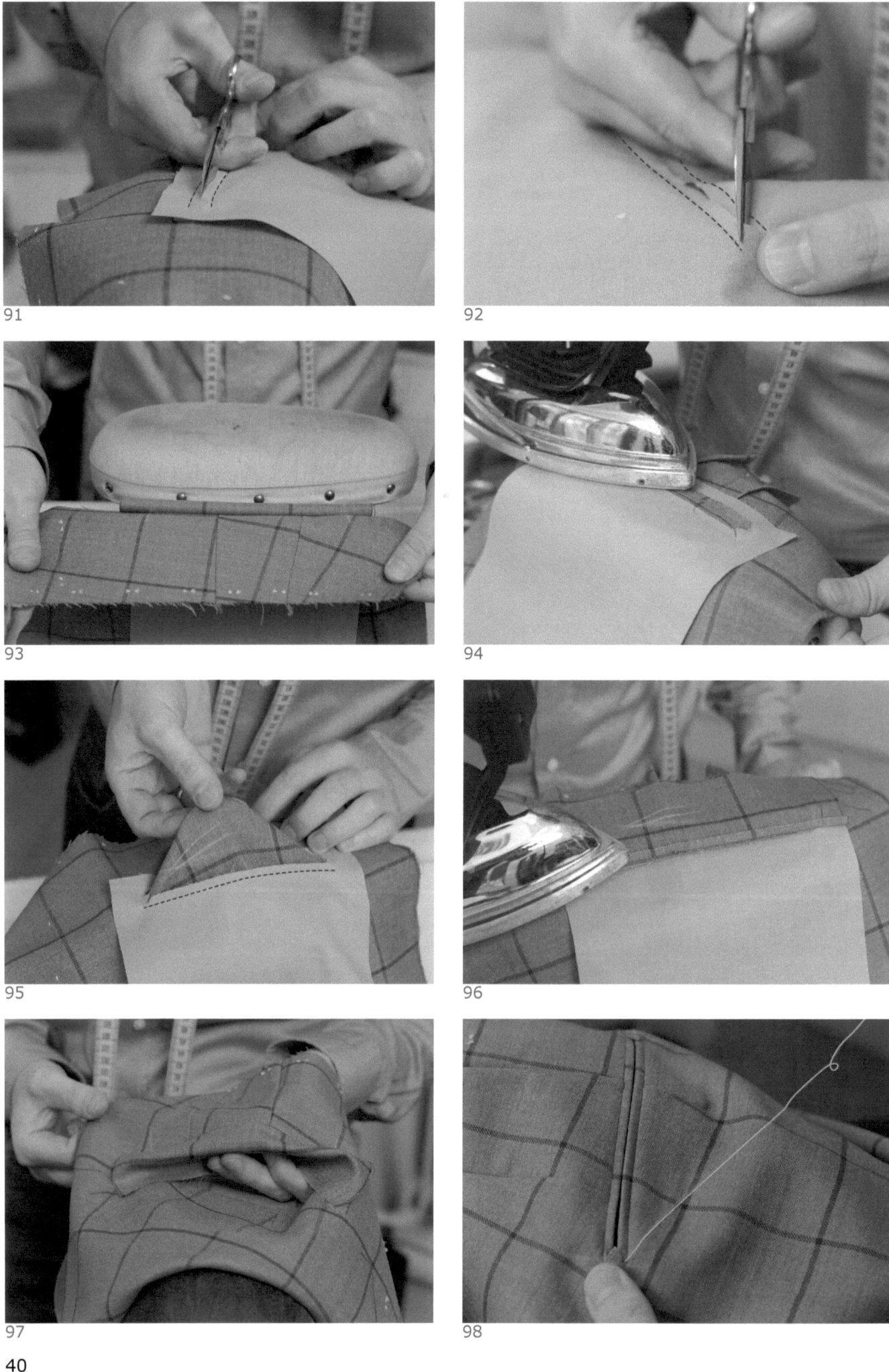

91

92

93

94

95

96

97

98

40

Corte de la abertura del bolsillo

Imagen 91/92

Tras comprobar que las costuras miden lo mismo y son totalmente paralelas, procede a cortar la abertura del bolsillo con la tijera. Debes tener cuidado a la hora de realizar el corte, que debe ser recto y paralelo a las costuras para poder conformar bien los vivos posteriormente.

Se debe realizar una incisión de forma triangular en los márgenes, alargando el corte de cada lado lo máximo posible hasta justo el final de la última puntada.

Presta atención a los márgenes de costura de los vivos; ¡estos serán apartados, pero no deben ser cortados!

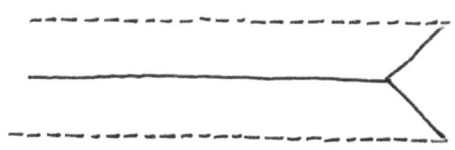

Planchado del margen de costura del vivo

Imagen 93

Agarra la pernera por la parte superior de la cintura, haciendo que el vivo superior cuelgue. Después, con cuidado, tiende la pernera sobre el cojín de planchado.

Imagen 94

Al hacer esto, el vivo superior queda doblado, permitiendo que el margen de costura pueda ser planchado. El vivo inferior debe permanecer completamente plano. Pon especial dedicación al planchado de las esquinas, ya que así será más fácil conformar y coser a mano los vivos.

Imágenes 95/96

Da la vuelta al vivo inferior a través de la abertura y plancha con cuidado el margen de costura. Esta acción puede hacer que se mueva el vivo superior, por lo que asegúrate de que todas las piezas permanecen planas y en su sitio por el revés de la pernera.

Después, vuelve del mismo modo el vivo superior a través de la abertura del bolsillo.

Formación y cosido a mano de los vivos

Imagen 97

Después de planchar todo de manera adecuada, conforma los vivos.

El margen de costura de estos desaparecerá dentro de la doblez de cada uno de ellos.

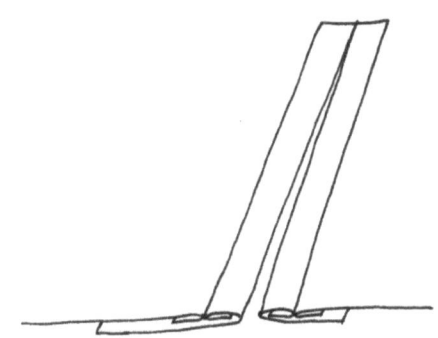

A continuación, sujeta los vivos realizando una puntada discontinua rápida justo en la sombra de la costura (es decir, en la línea de unión, por lo que es una costura invisible). Los vivos deben quedar totalmente paralelos y medir 0,5 cm de ancho cada uno. Normalmente, si son más anchos se ven demasiado toscos y, si son más delgados, demasiado frágiles.

Imagen 98

En cualquier caso, es importante que la suma de la anchura de ambos vivos sea igual al espacio entre las costuras de cada uno de ellos.

99

100

101

102

103

104

105

106

Hilvanar la abertura del bolsillo

Imagen 99

Pasa un hilván por ambos vivos y empuja cuidadosamente el corte triangular de las esquinas hacia el revés de la pernera.

Remate de las esquinas

Imagen 100

Remata las esquinas de la abertura con la máquina de coser. Debes realizar esta operación con mucho cuidado, ya que, de lo contrario, las esquinas pueden deshilacharse posteriormente. Inserta la aguja de la máquina justo en uno de los vértices de la base del triángulo y avanza hasta el lado opuesto. Realiza varias pasadas utilizando la función de retroceso de la máquina.

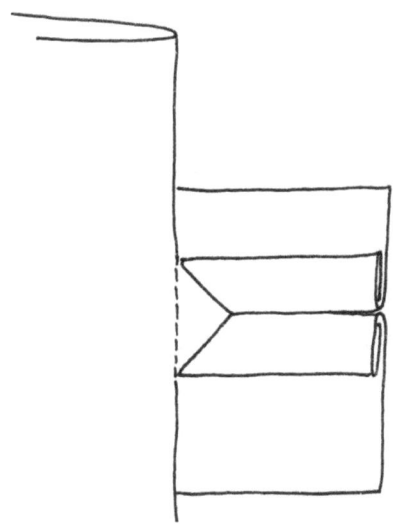

Imagen 101

Para ofrecer mayor resistencia, puedes fijar el vivo inferior por el revés realizando una costura a máquina. Para ello, coloca el fondo del bolsillo y el vivo a la derecha y el resto de la pernera hacia la izquierda (las posiciones en la imagen se ven al contrario porque la foto está tomada desde la parte trasera de la máquina).
Únicamente debes coser la pieza del vivo al fondo del bolsillo sin incluir la pernera.

Rebajar los vivos

Imagen 102

Recorta los vivos por los laterales (corta dos de las tres capas). Esto se realiza para evitar que el margen de costura abulte y se marque por el derecho del tejido.

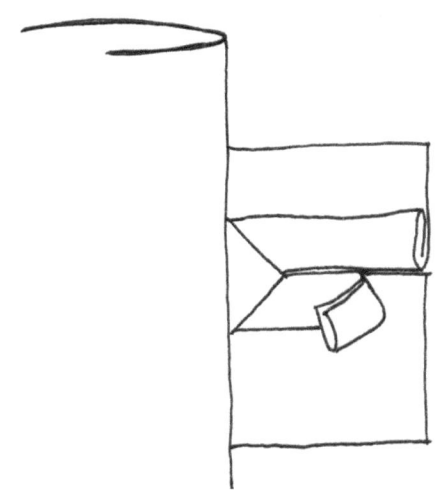

Imagen 103

Dobla el margen inferior del vivo inferior 1 cm hacia el interior y plánchalo.

Recortar los vivos

Imagen 104

Corta los márgenes de ambos vivos, dejándolos 0,75 cm más estrechos que el fondo del bolsillo.

Imagen 105

Sujeta el vivo inferior al fondo del bolsillo tras haber deslizado previamente una cartulina por debajo de este para controlar que la aguja no atraviese la pernera.

Imagen 106

Dobla también el margen inferior de la vista hacia el revés y plánchalo. Después, con el derecho hacia abajo, colócala encima del los vivos de tal manera que sobresalga al menos 1,5 cm por encima de la costura del vivo superior. Esto hará que todo el interior del saco del bolsillo esté promediado, evitando que se marque por el derecho del pantalón.

El pantalón

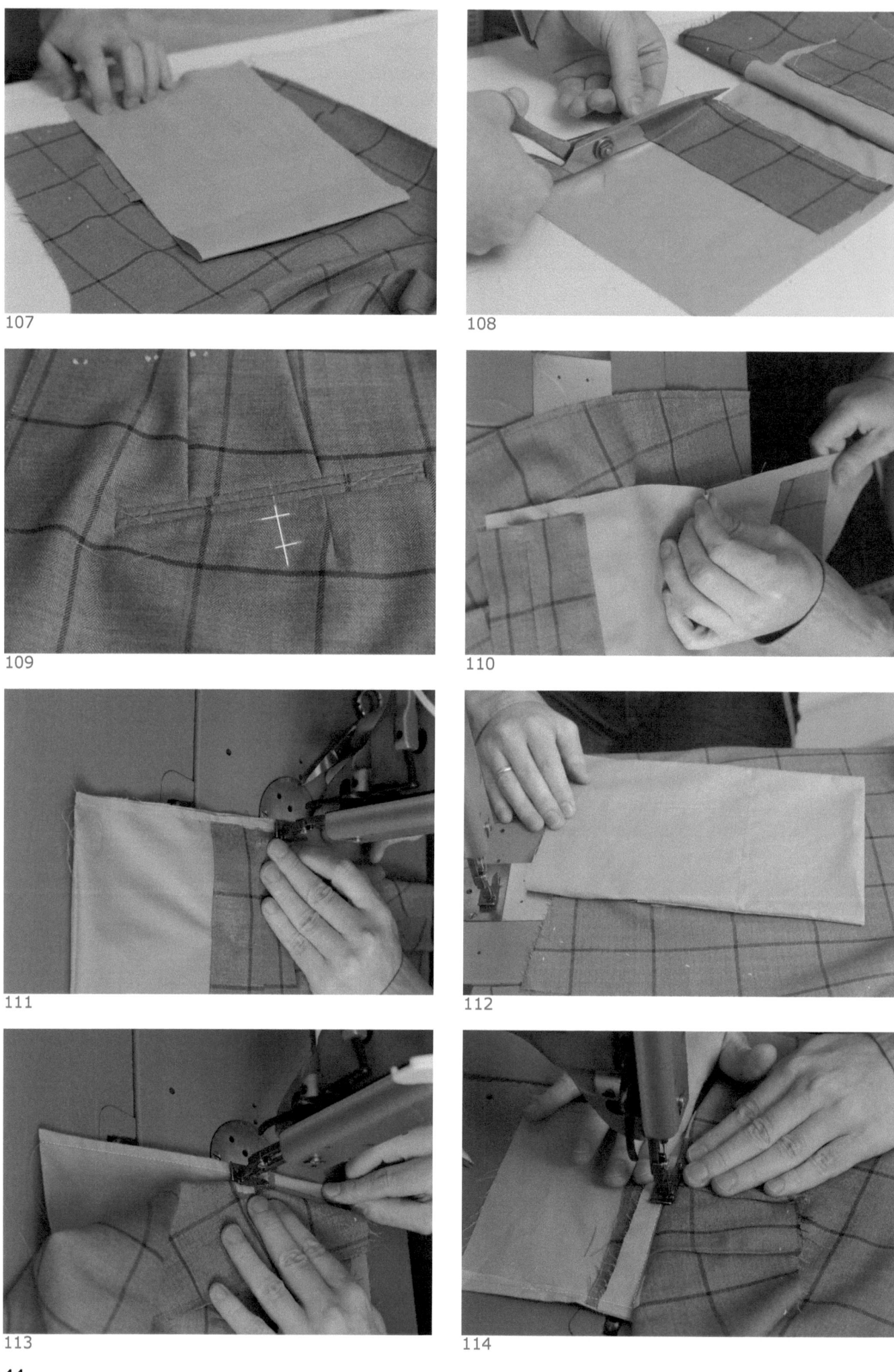

107

108

109

110

111

112

113

114

44

La vista del bolsillo

Imagen 107

Dobla el fondo del bolsillo de tal manera que sobresalga en torno a 1 cm por encima de la línea de la cintura. Asegúrate de que la profundidad del saco, midiendo desde la abertura, sea de unos 17 cm. Marca el doblez del fondo del bolsillo ejerciendo presión con los dedos. Después, coloca una mano por debajo de la pernera y la otra encima del fondo del bolsillo. Aprieta bien el conjunto entre las manos y, con cuidado, dale la vuelta para evitar que la vista se deslice y cambie de posición.

Imagen 108

Con cuidado, retira la pernera de encima y sujeta la vista al fondo del bolsillo. Recorta la vista por los laterales para dejarla igual de ancha que los vivos, es decir, unos 0,75 cm más corta por cada lado en relación a la anchura del fondo del bolsillo. Después, asegura el vivo inferior y cose la vista al fondo del bolsillo.

El ojal del bolsillo

Imagen 109

Marca el ojal en la mitad del ancho del bolsillo de manera totalmente perpendicular al mismo y situado unos 0,5 cm por debajo de la costura del vivo inferior. El ojal debe ser unos 2 mm más largo que el diámetro del botón.

A continuación, cose alrededor del ojal con una puntada corta.

Cierre del fondo del bolsillo

Imágenes 110/111

Para cerrar el bolsillo, coge las dos capas de tejido del saco y dóblalas encarando los derechos. Luego, cose el saco por los laterales para fijarlo en su posición correcta.

Imagen 112

Vuelve el saco del revés y usa un punzón para sacar y suavizar las esquinas. Asegúrate de que los vivos, la vista y el margen de costura quedan planos.

Imagen 113

Realiza un pespunte a una distancia de 0,75 cm respecto a los márgenes del saco (ancho estándar) para sujetar todo por el interior.

Imagen 114

Retira la parte superior de la pernera para cerrar el saco del bolsillo por arriba. Cose justo al lado de la costura del vivo superior para agarrar la cara superior del saco, el vivo superior y la cara inferior del saco.
Asegúrate de que todas las capas de tejido están planas mientras coses.
Cose a través de todas las capas excepto la del tejido exterior (la pernera). De esta manera, el vivo superior queda reforzado, haciendo que el bolsillo sea más resistente y, por tanto, duradero.

El pantalón

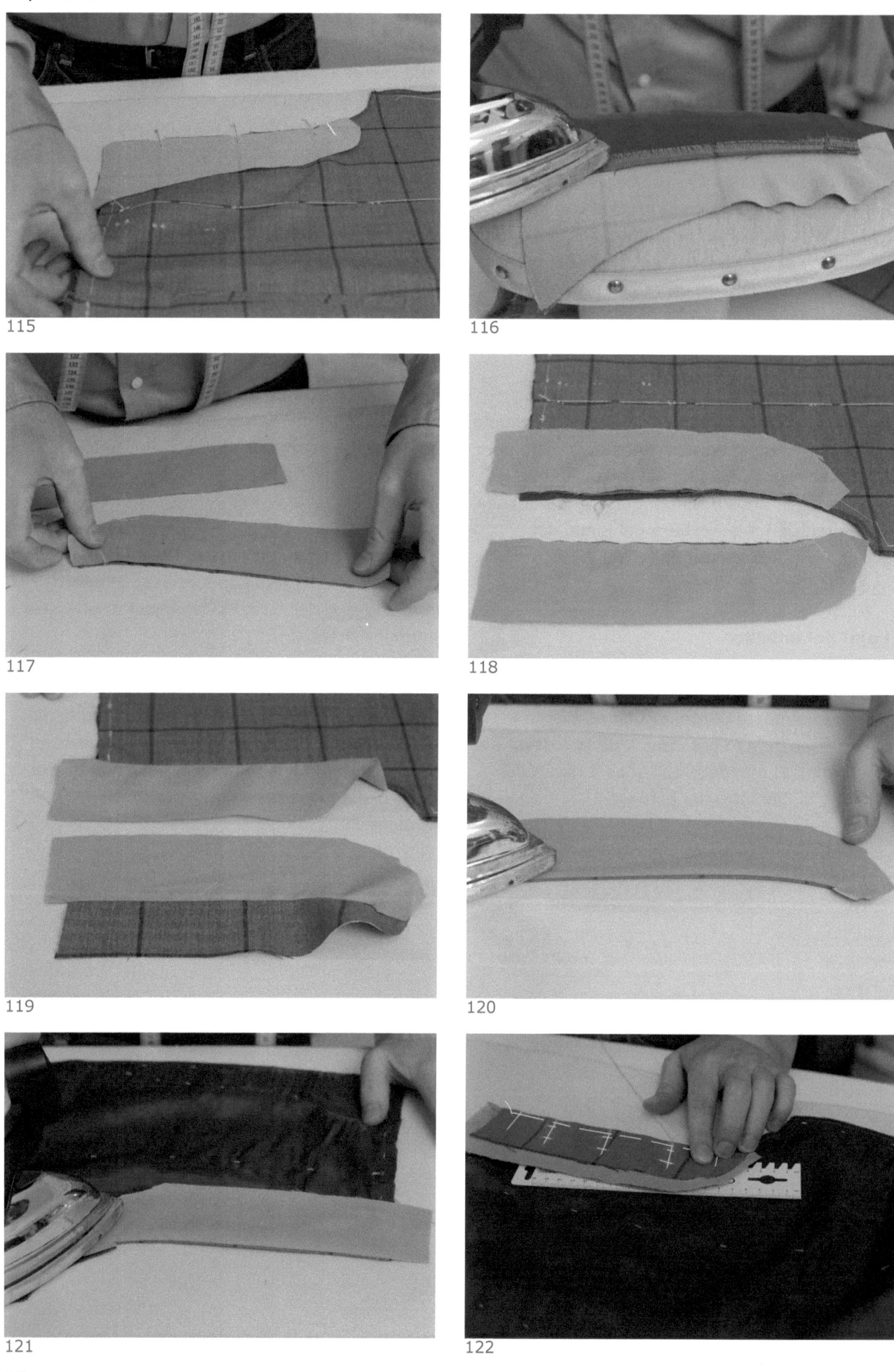

115

116

117

118

119

120

121

122

46

El lado derecho de la bragueta

Imagen 115

Sujeta con alfileres la extensión reforzada de la bragueta a la pernera delantera haciendo coincidir el dibujo del tejido. Después de coser, marca el final de la costura.

Imagen 116

Realiza un corte (piquete) en el margen de costura al final de la misma. Plancha abriendo las costuras. El final de la construcción de la extensión de la bragueta se explica a partir de la imagen 200 de la página 67.

El lado izquierdo de la bragueta

Imagen 117

Cose la tapeta de ojales a su forro. Después, marca con un piquete el final de la costura.

Imagen 118

Cose la vista de la bragueta al delantero izquierdo y, con cuidado, marca con un piquete el final de la costura.

Imagen 119

Plancha la vista del delantero y la tapeta de ojales cargando las costuras hacia las piezas de forro y pasa un pespunte al canto (1 mm).

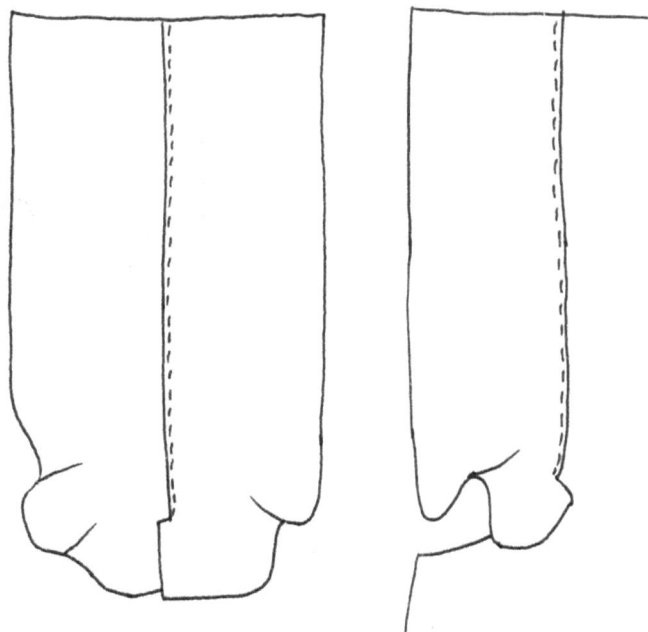

Imagen 120

Vuelve la tapeta de ojales completamente y plánchala canteando el margen unos 1 - 2 mm, es decir, haciendo que el tejido de género sobresalga esa distancia con respecto al bordo.

Imagen 121

Realiza la misma operación con la vista de la bragueta de la pernera izquierda.

Marcar los ojales

Marca los ojales en la tapeta y pasa una costura con puntadas cortas alrededor de cada uno de ellos. Recuerda que los ojales deben ser 2 mm más largos que el diámetro del botón.

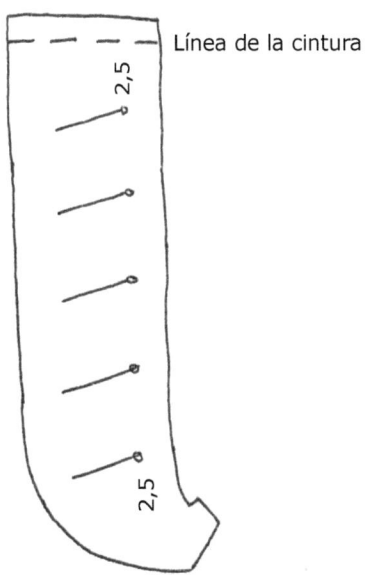

Línea de la cintura

2,5

2,5

Unión de la tapeta de ojales al delantero

Imagen 122

Al unir la tapeta al delantero asegúrate de colocarla de tal manera que quede separada del margen aproximadamente 1 mm. Luego, sujeta el conjunto con alfileres. Comprueba los patrones para proceder con precisión.

Después, desliza una regla o un cartón por debajo del margen inacabado de la tapeta de ojales e hilvana las tres piezas juntas usando puntadas cortas y un hilo adecuado.

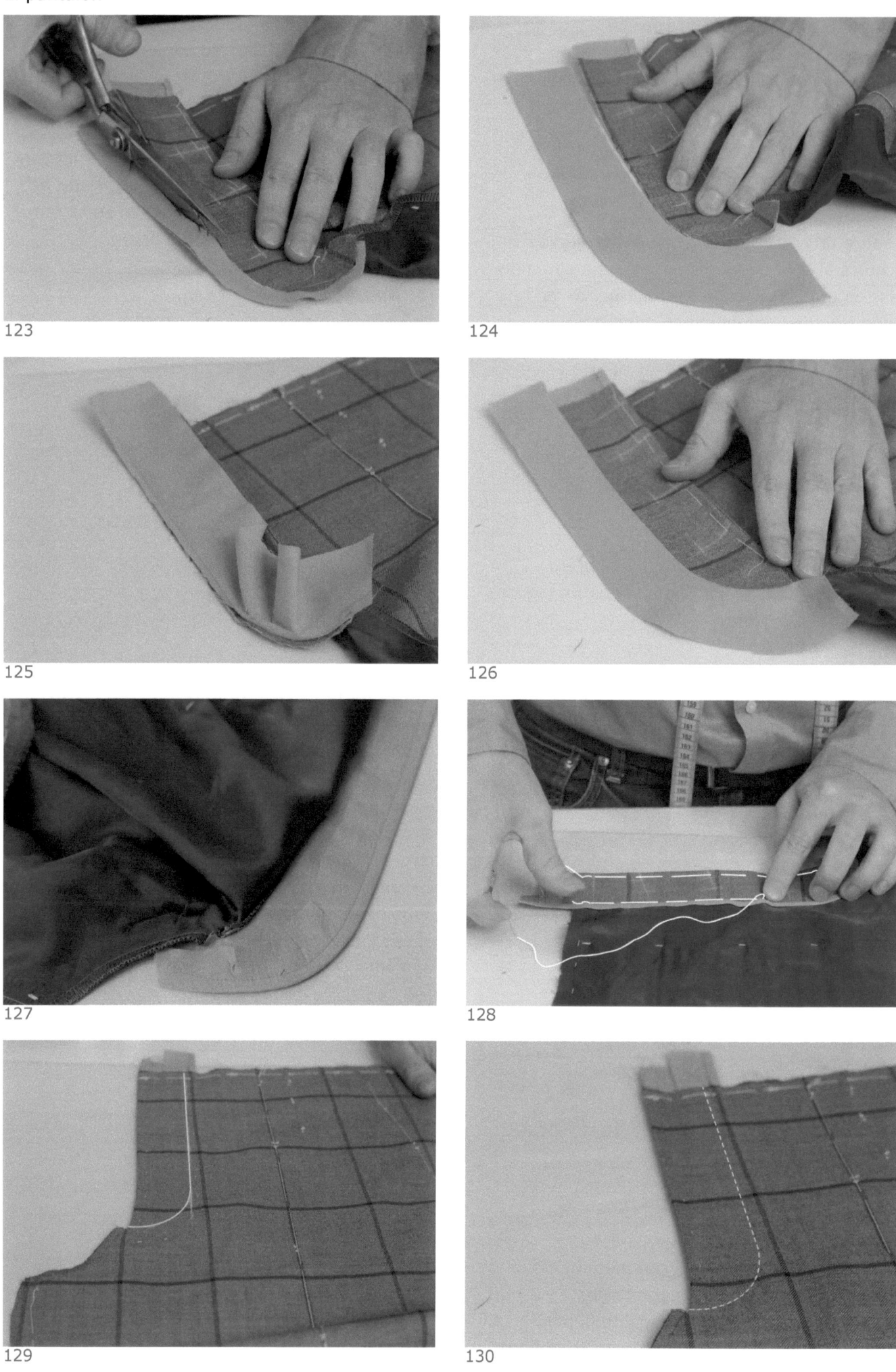

123

124

125

126

127

128

129

130

Rematar la tapeta de ojales con una vista

Imagen 123

Recorta el exceso del forro siguiendo la forma del margen curvado.

Imagen 124

Recorta una tira de 3 cm de ancho en el tejido del forro con la forma del margen curvado.

Imagen 125

Cose la tira al margen a un ancho de 0,5 cm.

Imagen 126

Plancha sobre la tira de forro y después dóblala hacia el interior de tal manera que solo sean visibles 0,5 cm por el derecho. Realiza un pespunte sobre tejido de género al lado de la parte visible del tejido de forro.

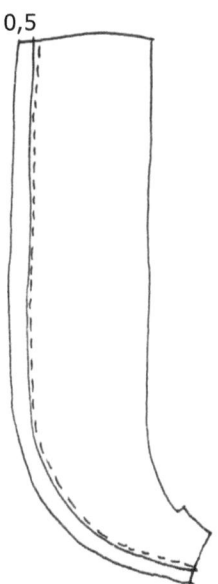

Imagen 127

Recorta el margen exterior de la tira de forro para evitar que surjan pliegues indeseados que se marquen por el derecho.

Imagen 128

Sujeta con un hilván el margen curvado de la tapeta de ojales.

Costura exterior de la bragueta

Imagen 129

Marca el recorrido de la costura exterior de la bragueta a un ancho de 3,5 - 4 cm del margen realizando una buena curva en la parte inferior. Puedes usar un vaso cilíndrico o algo similar (consulta la imagen 365 de la página 112).

Imagen 130

Para garantizar una costura pulcra y segura, primero realiza un remate corto (3 mm) en la parte inferior antes de continuar el recorrido hacia la parte superior de la marca. Es importante que impidas que el tejido exterior se deslice por la presión del pie prensatelas de la máquina de coser. Para que esto no suceda, puedes colocar una regla o una pieza de cartulina ligera entre el tejido y el prensatelas. Una vez completada la costura, cepilla el tejido para eliminar cualquier resto de tiza que pudiera quedar y plancha levemente la bragueta para aplanarla.

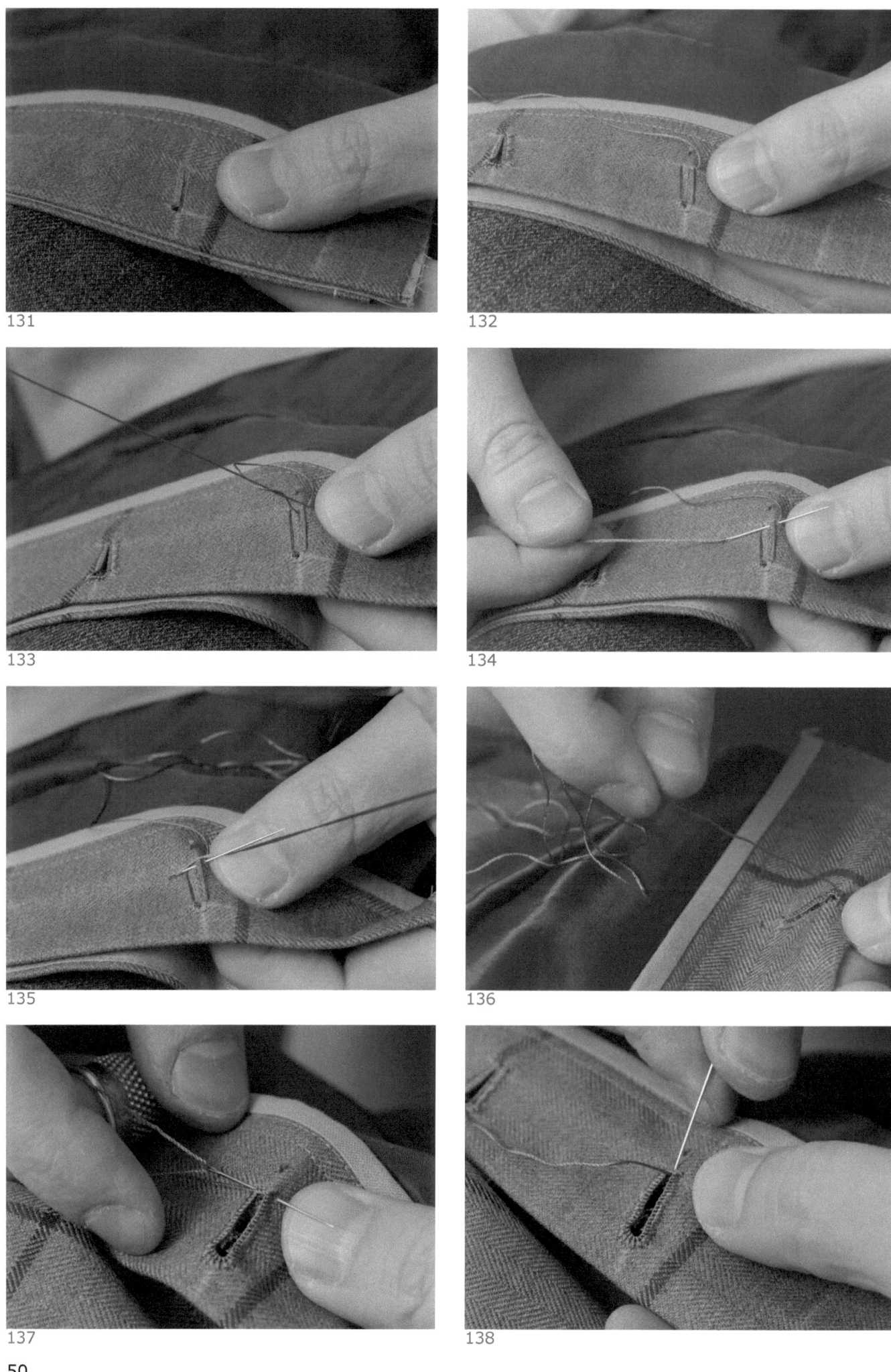

131

132

133

134

135

136

137

138

Confección de los ojales de la braqueta

Imagen 131
Perfora el agujero del ojal y corta el resto cuidadosamente con la tijera. En tejidos que se deshilachen fácilmente, es importante pasar una costura con hilo fino alrededor de los márgenes.

Imagen 132
Enhebra una aguja con el hilo que vayas a coser el ojal y cose a mano una vez alrededor del mismo para aportarle relieve.

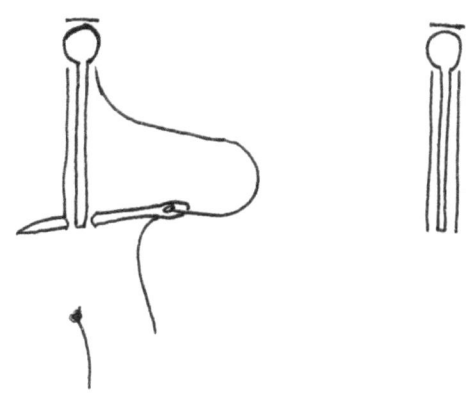

Imagen 133
Pasa la aguja a través del ojal y sácala desde abajo, justo detrás de la costura.

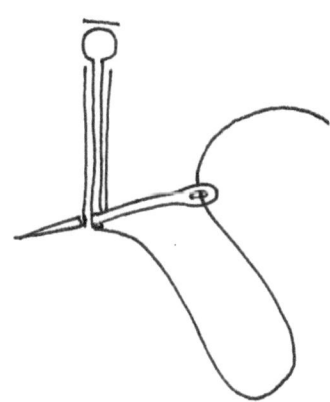

Imágenes 134/135
Coloca el hilo debajo de la aguja desde abajo.

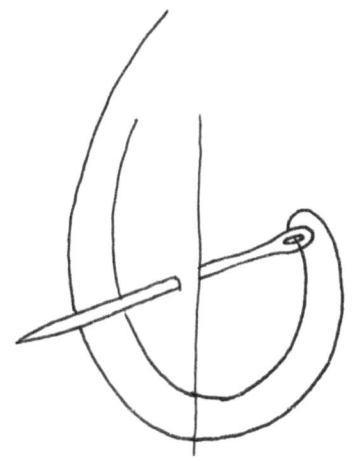

Recoge de nuevo la aguja, tira del hilo hacia arriba y cierra el nudo que se ha formado. La dirección en la que tires será la misma a la que apunte el nudo.

Ahora, clava la aguja detrás de la costura, justo al lado del primer nudo y a una distancia cercana y uniforme. Repite el proceso hasta que hayas cosido el ojal todo alrededor.

Imagen 136
Gradúa la estrechez o la anchura de los nudos con tal de que queden todos iguales alrededor del ojal como se muestra en la imagen inferior.

Tras realizar la última puntada, pasa la aguja a través del primer nudo. A continuación, perfora hacia abajo en el medio al final del ojal.

Imagen 137
Después, saca la aguja hacia arriba por el margen inferior izquierdo del ojal, vuelve a clavar la aguja hacia abajo en el margen inferior derecho y realiza dos vueltas para formar una presilla.

Imagen 138
Después de la segunda vuelta, saca la aguja por el medio del ojal y clávala de nuevo cruzándola por encima de la presilla.

Finalmente, asegura el extremo del hilo pasando la aguja por dentro de las puntadas que quedan por el revés del tejido y corta el hilo.

El pantalón

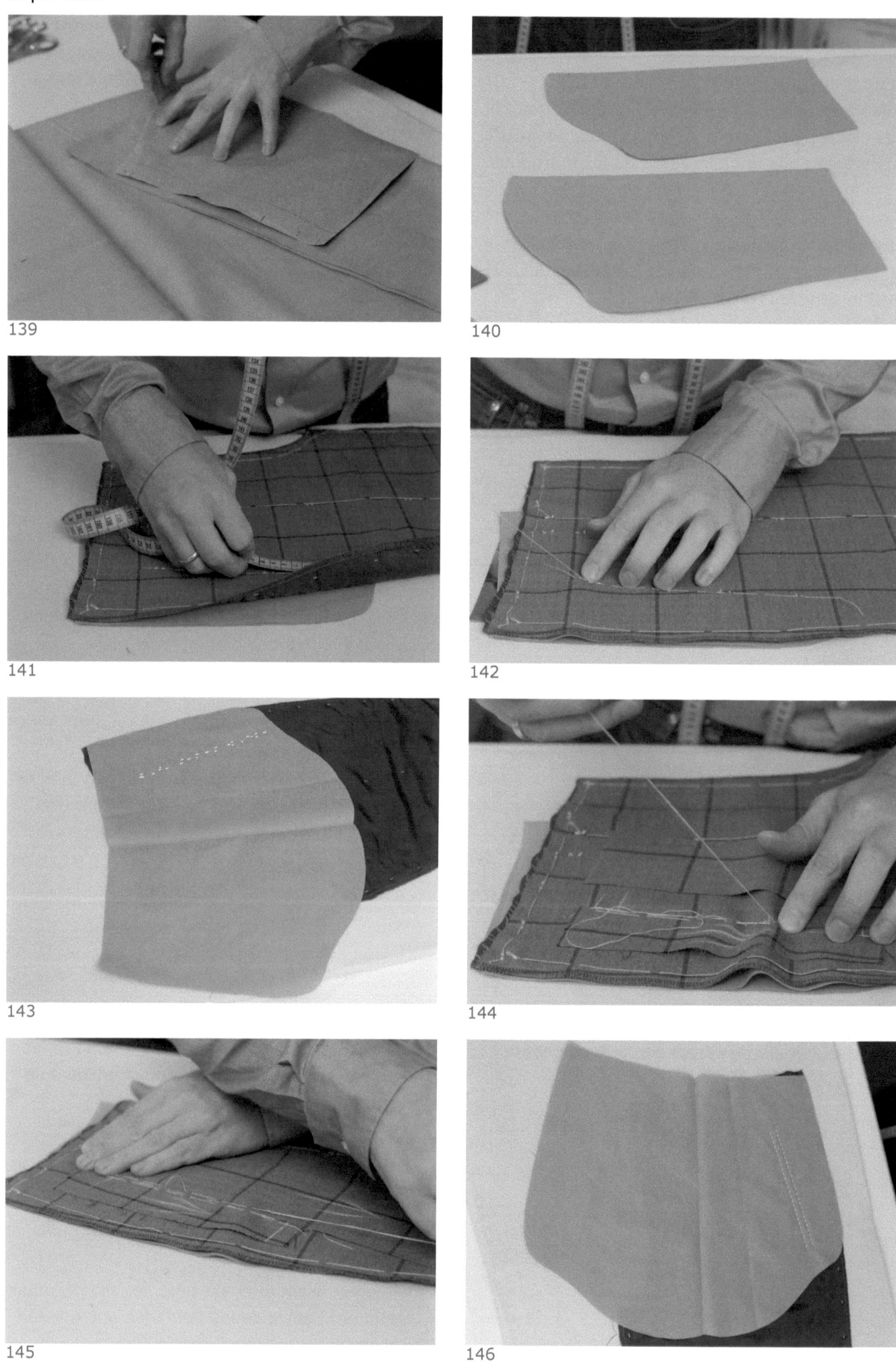

139

140

141

142

143

144

145

146

Corte del fondo del bolsillo delantero

Imagen 139

Usa la plantilla de la página 122 para dibujar con tiza el fondo del bolsillo sobre el tejido de forro.

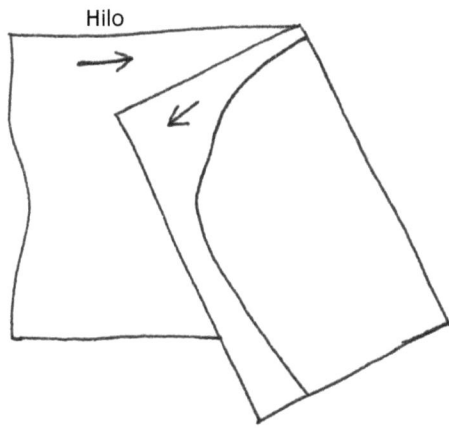

Antes de colocar la plantilla, debes girar el doblez del tejido para provocar que uno de los lados del fondo del bolsillo se incline con respecto a la dirección del hilo del tejido. Esto evita que el fondo sea demasiado corto en la abertura del bolsillo.

Imagen 140

Plancha los dos fondos del bolsillo.

Hilvanar el fondo del bolsillo

Imagen 141

Coloca la pernera delantera sobre el fondo del bolsillo. La línea de la cintura debe sobresalir 1 cm por la parte superior. En el costado, el fondo del bolsillo debería coincidir justo con el margen. La parte del fondo del bolsillo con el hilo al bies debe estar encarada con la pernera.

Imagen 142

Desliza una pieza de cartón dentro del saco del bolsillo para evitar agarrar las dos capas del mismo a la hora de hilvanar. Cose dicho hilván a través de la marca de la abertura del delantero.

Imagen 143

El fondo del bolsillo debe quedar plano.

Hilvanar los vivos del bolsillo

Imágenes 144/145

Hilvana de uno en uno, con un poco de holgura (tan solo unos milímetros), los vivos del bolsillo. En ambos, la dirección del hilo y las fibras del tejido debe ser la misma. Si el tejido tiene dibujo, también debe coincidir.

Marca el principio y el final de la abertura del bolsillo. Cose cada vivo a 0,5 cm de los márgenes por los que quedan enfrentados. Remata ambas costuras con cuidado en cada extremo.

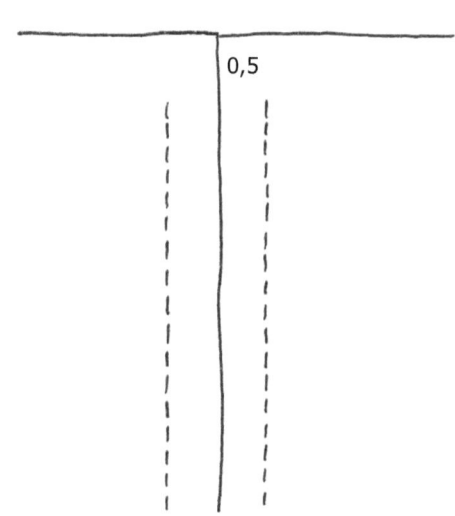

Imagen 146

Después, comprueba que las costuras son rectas y totalmente paralelas y descose los hilvanes.

El pantalón

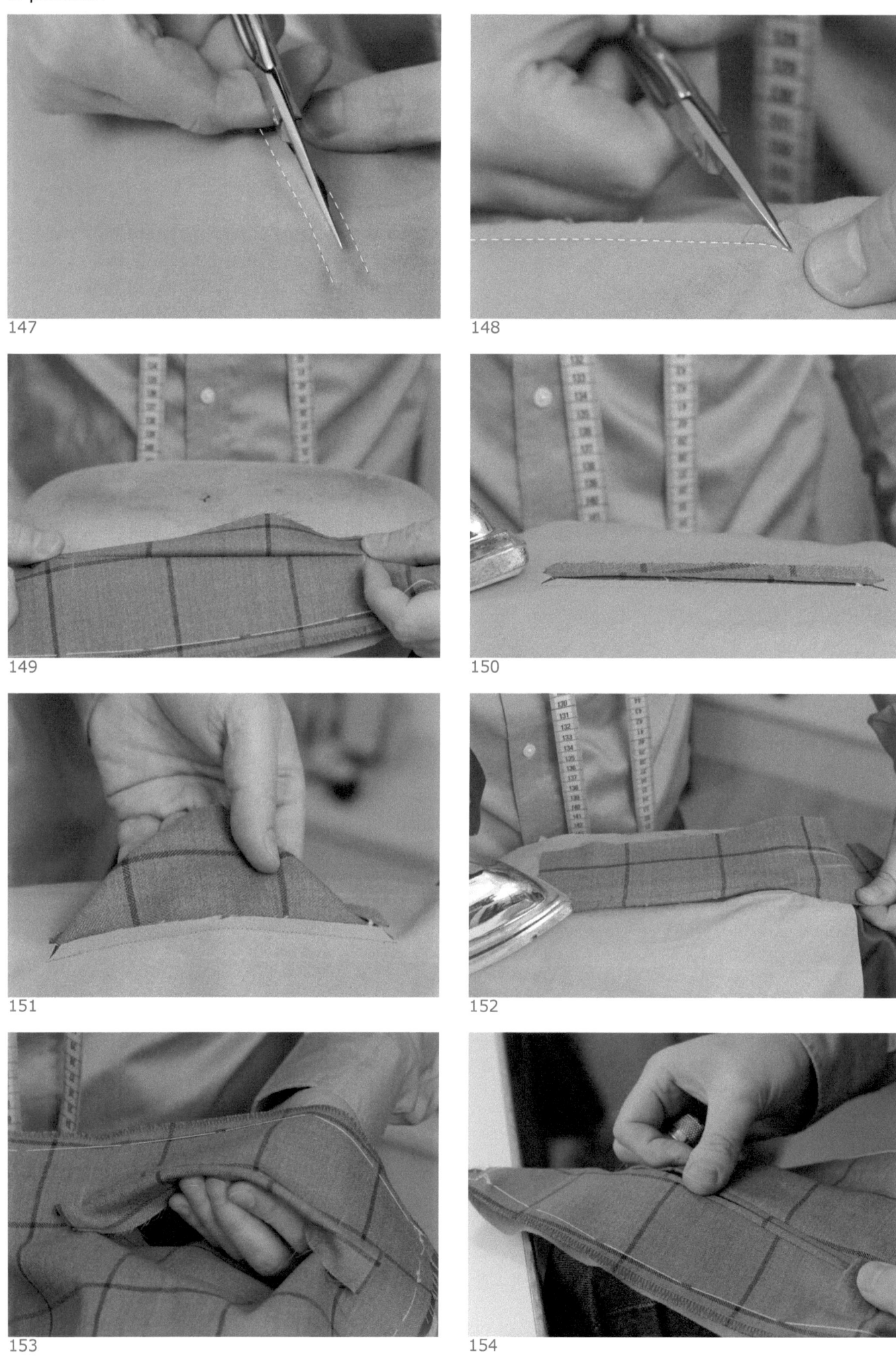

147

148

149

150

151

152

153

154

Corte de la abertura del bolsillo

Imágenes 147/148

Con cuidado, abre la abertura del bolsillo con la tijera. Realiza un corte en forma de triángulo en los extremos de la abertura, quedándote lo más cerca posible de cada costura, justo después del final de la última puntada. ¡Es importante que no cortes los márgenes de costura de los vivos; estos serán empujados hacia los laterales!

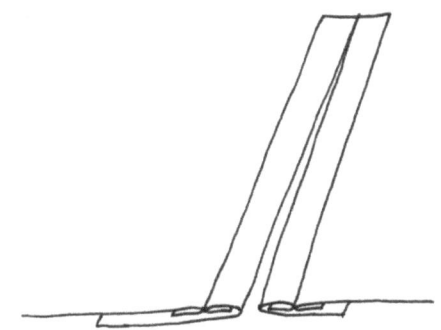

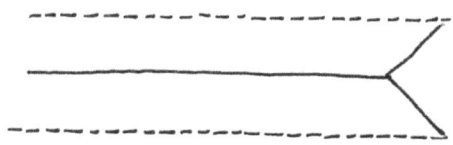

Tras esto, cose los vivos a mano justo en la sombra de la costura con una puntada discontinua rápida. Ajusta la anchura de los vivos con la mano izquierda y procura que queden totalmente paralelos con respecto a sí mismos y también en relación al opuesto. La anchura de cada vivo debe ser de unos 0,5 cm. Si es más ancho, el aspecto resultará algo más tosco y, por el contrario, si es más estrecho, el bolsillo resultará visualmente más frágil y desproporcionado.

En cualquier caso, la suma de la anchura de ambos vivos debe ser igual a la distancia entre sus dos costuras.

Abrir las costuras con la plancha

Imagen 149

Sujeta el delantero de tal manera que el vivo trasero quede colgando (o doblado con tus dedos). Después, coloca todo el conjunto sobre el cojín de planchado.

Imagen 150

Al hacer esto, el revés del conjunto quedará visible y podrás abrir con la plancha el margen de costura. El vivo delantero debe quedar completamente plano. Debes prestar atención al manipular las esquinas. Esto hará que sea más sencillo coser a mano los vivos posteriormente.

Imágenes 151/152

Pasa el vivo delantero a través de a abertura del bolsillo y abre con cuidado el margen de costura con la plancha.

Hilvanar los vivos

Imagen 154

Hilvana los dos vivos juntos. Si el tejido tiene dibujo debes procurar que este mantenga la continuidad entre los mismos vivos o en relación a la propia pernera del pantalón.

Coser a mano los vivos

Imagen 153

A continuación, pasa el vivo trasero a través de la abertura del bolsillo. Después de haber planchado todo de manera adecuada, procede a configurar los vivos. Los márgenes de costura de estos quedarán ocultos por la parte interior al conformarlos.

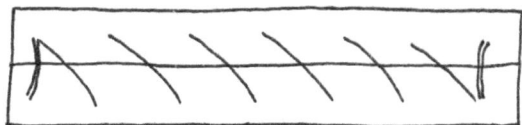

155

156

157

158

159

160

161

162

Imagen 155

Ambos vivos deben coincidir perfectamente en el patrón. Tras ello, con la ayuda de unas tijeras, empuja con cuidado las esquinas hacia el interior (observa la imagen 99 de la página 42).

Remate de las esquinas

Imagen 156

Sujeta las esquinas con la máquina de coser. Debes tener especial cuidado en estas zonas para evitar que el tejido se deshilache. Inserta de manera precisa la aguja en uno de los vértices de la base del triángulo formado en los laterales y cose hasta el lado opuesto. Realiza varias pasadas en ambas direcciones para rematar la costura.

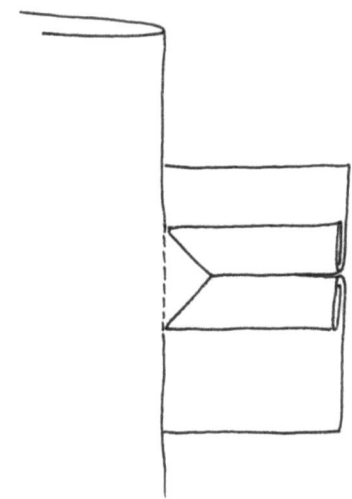

Imagen 157

Despúes, cose el vivo delantero por el revés para hacerlo más resistente. Para ello, coloca el saco del bolsillo extendido con el revés encarado a la superficie de la máquina de coser. Asegúrate de que el vivo con el fondo del bolsillo queda a la derecha y el resto del conjunto a la izquierda de la aguja de la máquina (en la fotografía se ve al contrario porque está tomada desde la parte trasera de la misma). Cose solo el vivo delantero al fondo del bolsillo; el resto debe quedar intacto.

Rebajar el grosor de los vivos

Imagen 158

A continuación, rebaja los vivos cortando dos capas de los mismos por el interior. De esa manera, se reduce el grosor de la pieza, evitando que se marque por el derecho del tejido.

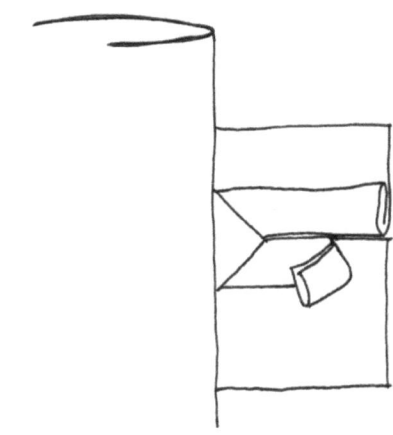

Imagen 159

Dobla el margen inferior del vivo delantero y plánchalo. Desliza un cartón por debajo del fondo del bolsillo e hilvana el vivo.

La vista

Imagen 160

Dobla la parte delantera de la vista del bolsillo, plánchala y colócala encima de la abertura del bolsillo encarando los derechos. La vista debería abarcar toda la extensión de la abertura del bolsillo, desde la parte superior hasta la inferior.

Imagen 161

A continuación, cierra el saco del bolsillo, desliza una mano por debajo de la pernera y coloca la otra sobre el saco. Sujeta bien todo el conjunto entre las manos y gíralo con cuidado para que la vista no se mueva.

Imagen 162

Desdobla el saco del bolsillo y cose la vista. Recorta 0,75 cm los márgenes inferiores de la vista y el vivo delantero para reducir grosores y garantizar un acabado más limpio. Sujeta con alfileres o hilvanes la vista y el vivo delantero al fondo del bolsillo. Despúes, cose estas piezas a máquina.

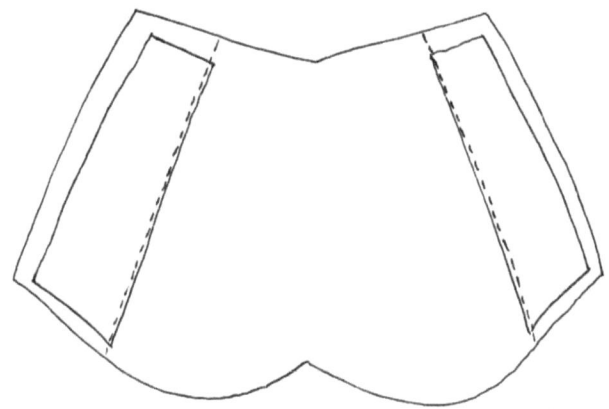

El pantalón

163

164

165

166

167

168

169

170

58

Cerrar el saco del bolsillo

Imagen 163

Dobla el fondo del bolsillo por la línea de doblez encarando los derechos y cierra el saco con una costura.

Imagen 164

Dado que la cara inferior del saco va cortada al bies, debes tener cuidado para evitar que se deforme y verificar que ambos lados de la pieza encajan de manera precisa.

Imagen 165

Vuelve el saco y saca bien la esquina con ayuda de un punzón o con el moldeador de esquinas. Los márgenes de costura del saco, los vivos y la vista deben quedar planos.

Imagen 166

Realiza un pespunte alrededor del saco a 0,75 cm del borde, el cual ocultará el margen de costura por el interior. Comprueba que cada pieza del interior del saco esté bien colocada en su ubicación.

Asegurar el vivo trasero

Imágenes 167/168/169

A continuación, se debe sujetar el vivo trasero y cerrar la parte trasera del saco del bolsillo. Las partes superior e inferior del saco y el vivo trasero van conectados entre sí. Cose sobre el saco, justo al lado de la costura, y evita que nada se mueva mientras realizas esta operación. De esta manera, el vivo trasero quedará bien agarrado y el bolsillo será más resistente.

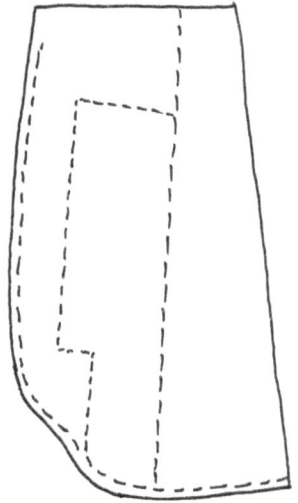

Imagen 170

Finalmente, plancha todo, incluyendo el saco del bolsillo.

El pantalón

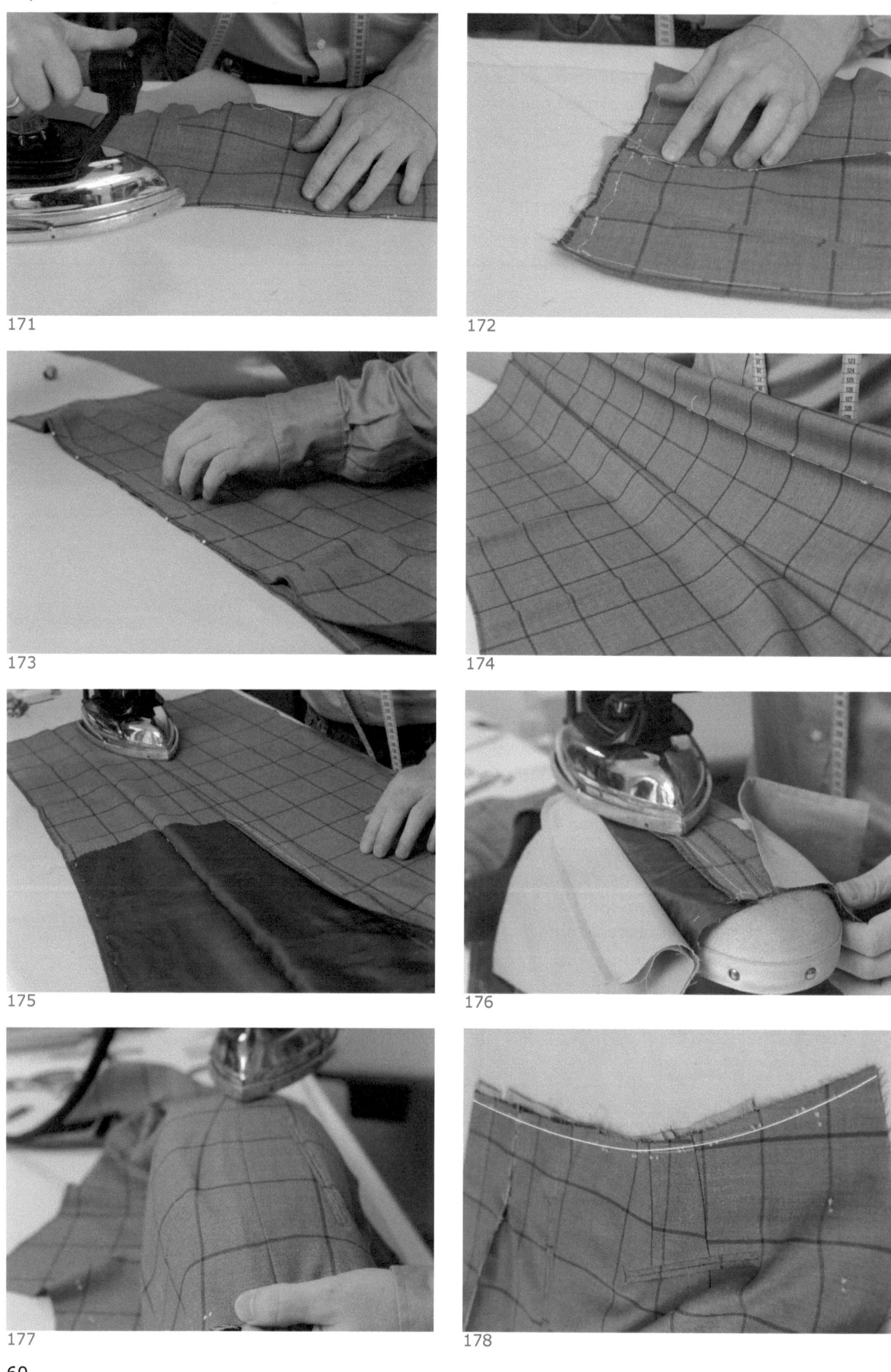

171

172

173

174

175

176

177

178

Planchar la pernera delantera

Imagen 171

Dobla y plancha el delantero por la línea de quiebre de manera precisa.

Imagen 172

Dobla sobre la línea de quiebre en la zona de la cintura para formar el pliegue. Realiza un hilván hacia abajo de unos 5 cm para sujetarlo.

Montaje del costado

Imagen 173

Une las perneras delantera y trasera por el costado y sujétalas con alfileres.

Imagen 174

Si el tejido tiene dibujo, este debe coincidir a lo largo de toda la costura. Cose el costado dejando un margen de costura de 2 cm (o la distancia que plantearas al cortar las piezas). Es esencial garantizar la continuidad del dibujo entre las dos perneras a medida que vayas cosiendo.

Imagen 175

En este punto, comprueba que la costura discurre uniformemente y si se ha mantenido la continuidad del dibujo entre ambas perneras. Si todo es correcto, procede a planchar el costado abriendo los márgenes de costura.

Imagen 176

Dada la curvatura del costado en la zona de la cadera, es recomendable planchar esta sección sobre la superficie redondeada de un cojín de planchado.

Imagen 177

Despúes, plancha la costura por el derecho del tejido. Al mismo tiempo, sigue comprobando la continuidad del dibujo del tejido.

Promediar la línea de la cintura

Imagen 178

Es importante que compruebes la línea de la cintura extendiendo el conjunto sobre una superficie plana para verificar que existe una continuidad uniforme entre ambas perneras. Este paso es especialmente necesario en casos en los que el trasero incluye pinzas para garantizar una caída adecuada y un acabado bien pulido.

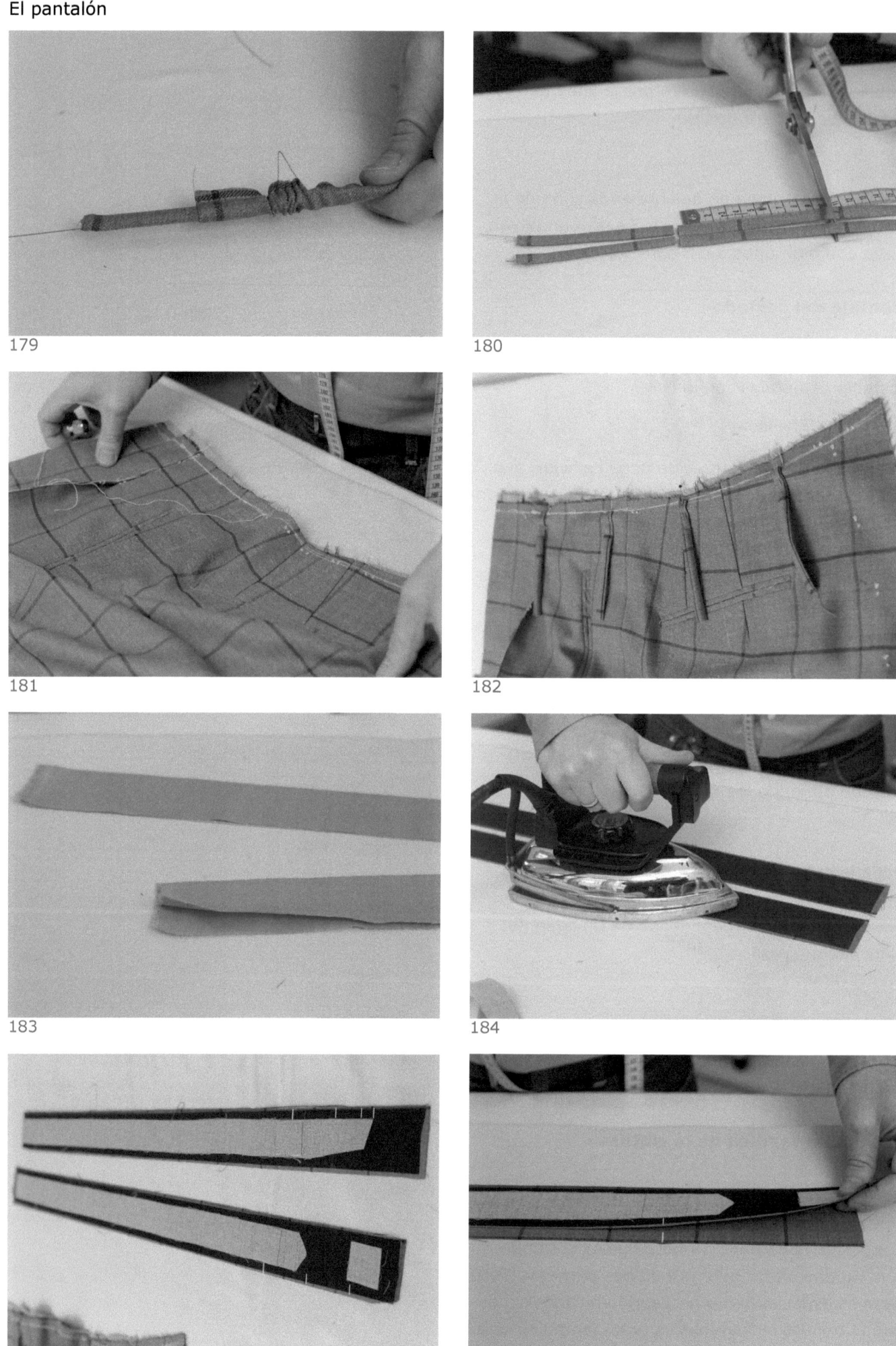

179

180

181

182

183

184

185

186

Las trabillas

Imagen 179

Confecciona las trabillas aproximadamente a 1 cm. Con una aguja gruesa, cose un trozo de hilo de ojal bien rematado a uno de los extremos y luego tira de él a través de la pieza para volverla del derecho. Asegúrate de que el hilo no se rompa durante el proceso.

Imagen 180

Si usas un tejido con dibujo, debes garantizar que las trabillas guardan continuidad con el mismo. Para un pantalón, se suelen requerir ocho trabillas de unos 9 cm de longitud.

Sujetar los fondos de bolsillo

Imagen 181

Sujeta los fondos del bolsillo al margen de costura de la cintura. Comprueba que quedan planos y no forman pliegues con el tejido exterior.

Imagen 182

Incorpora las trabillas. La primera va situada justo en la línea de quiebre del delantero. La última debe quedar a unos 5,5 cm del centro trasero. El resto de trabillas debe separar en tercios la distancia entre las dos primeras.

Imagen 183

Dobla el forro de la cinturilla longitudinalmente por la mitad, haciendo que el revés quede por el interior. Después, plánchala.

Entretelar la cinturilla

Imagen 184

Aplica una entretela termoadhesiva fina.

Incorporación de entretela de crin de caballo

La aplicación de entretela de crin de caballo es especialmente adecuada como refuerzo. Esta debe ser unos 2 mm más estrecha que la cinturilla y medir 1/2 del contorno de la cintura más unos 15 cm. El hilo de crin debe ir orientado horizontalmente (de la parte superior de la cinturilla a la inferior, no del delantero al trasero) para que su elasticidad mantenga la cinturilla estable. Si no tienes, puedes sustituir este material por una entretela adhesiva rígida.

Antes de usar la entretela adhesiva de crin debes humedecerla con agua tibia y esperar a que se seque para evitar que encoja posteriormente. No uses la plancha para secarla, pues activarías las partículas adhesivas y quedaría inútil.

Imagen 185

Pega con la plancha la entretela de crin sobre las piezas interiores de la cinturilla procurando que quede paralela a los márgenes. Al coser la cinturilla derecha, deja abierta la costura en la marca de 2 cm para poder coser el contrabotón.

Cinturilla derecha

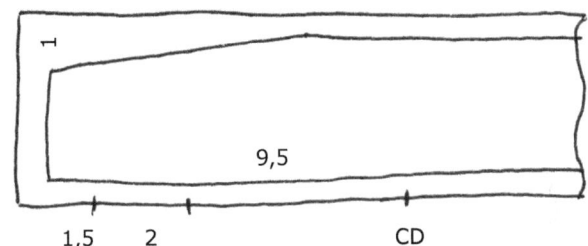

Cinturilla izquierda

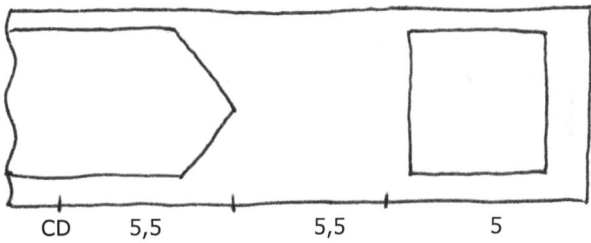

Debes pegar también un trozo de entretela de crin sobre la cinturilla izquierda para reforzar con firmeza la zona en la que se ubicará el gancho de cierre. Esto evitará que se produzcan desgarros en el tejido a través del uso.

Imagen 186

Posiciona la cinturilla izquierda encima de la derecha y marca el centro delantero (*CD*). En tejidos con dibujo, este debe recorrer la cinturilla de forma totalmente paralela a los márgenes de los centros delantero y trasero.

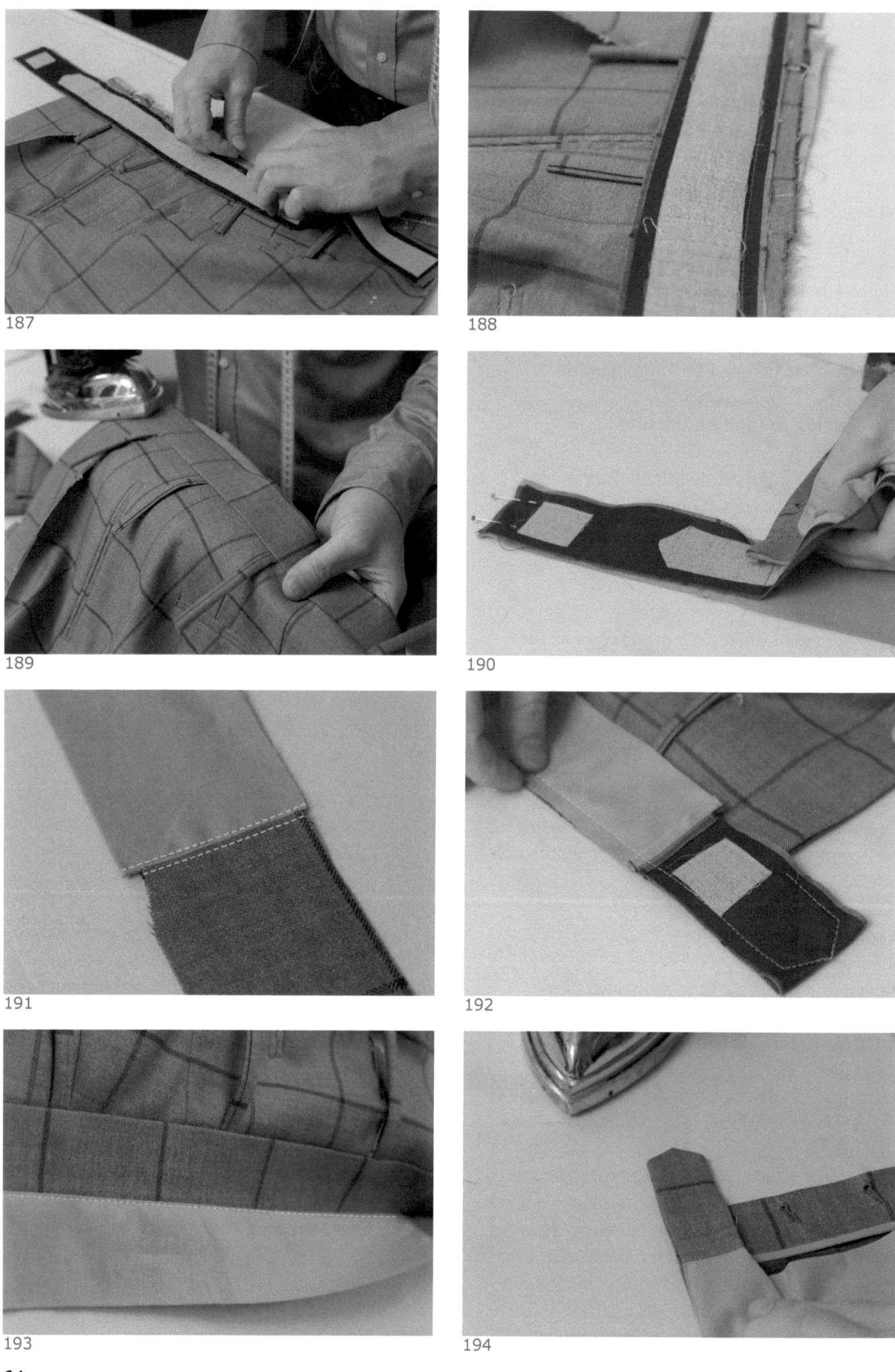

187

188

189

190

191

192

193

194

La cinturilla izquierda

Imagen 187

Sujeta la cinturilla al delantero con alfileres, comenzando por el centro delantero.

Imagen 188

Cose la cinturilla a unos 2 mm del margen de la entretela de crin. Comprueba que los sacos de los bolsillos, el forro delantero y el pliegue estén correctamente montados y en su sitio.

Imagen 189

Plancha la cinturilla de la pernera izquierda.

Imagen 190

El forro de la cinturilla, que fue planchado a lo largo y por el medio con anterioridad, se debe sujetar y orientar de tal manera que el margen abierto quede hacia arriba y el margen doblado hacia abajo. Después, cóselo.

Imagen 191

Plancha la cinturilla y su forro y sujétalos con una costura a ambos lados. A continuación, dobla la cinturilla por la parte de la extensión y sujétala con alfileres.

Imagen 192

Cose el forro a la pernera izquierda. Empieza desde el centro trasero, hacia el delantero, pasando por la punta y hasta el margen de la bragueta. La costura debe realizarse a unos 2 mm del margen de la entretela de crin.

Imagen 193

Después, vuelve el forro de la cinturilla y pasa un pespunte al canto cargando el margen de costura hacia el forro (a 1 mm del margen sobre la pieza de forro).
Al final de la cinturilla, donde empieza la parte doblada del tejido de la extensión, cierra la costura y remátala.

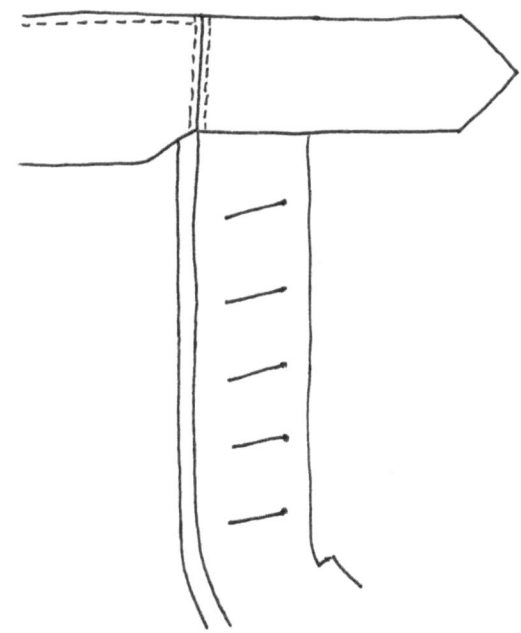

Imagen 194

En la pernera izquierda, crea la punta de la extensión de la cinturilla y saca bien las esquinas con un punzón o con el plegador. Plancha después.

El pantalón

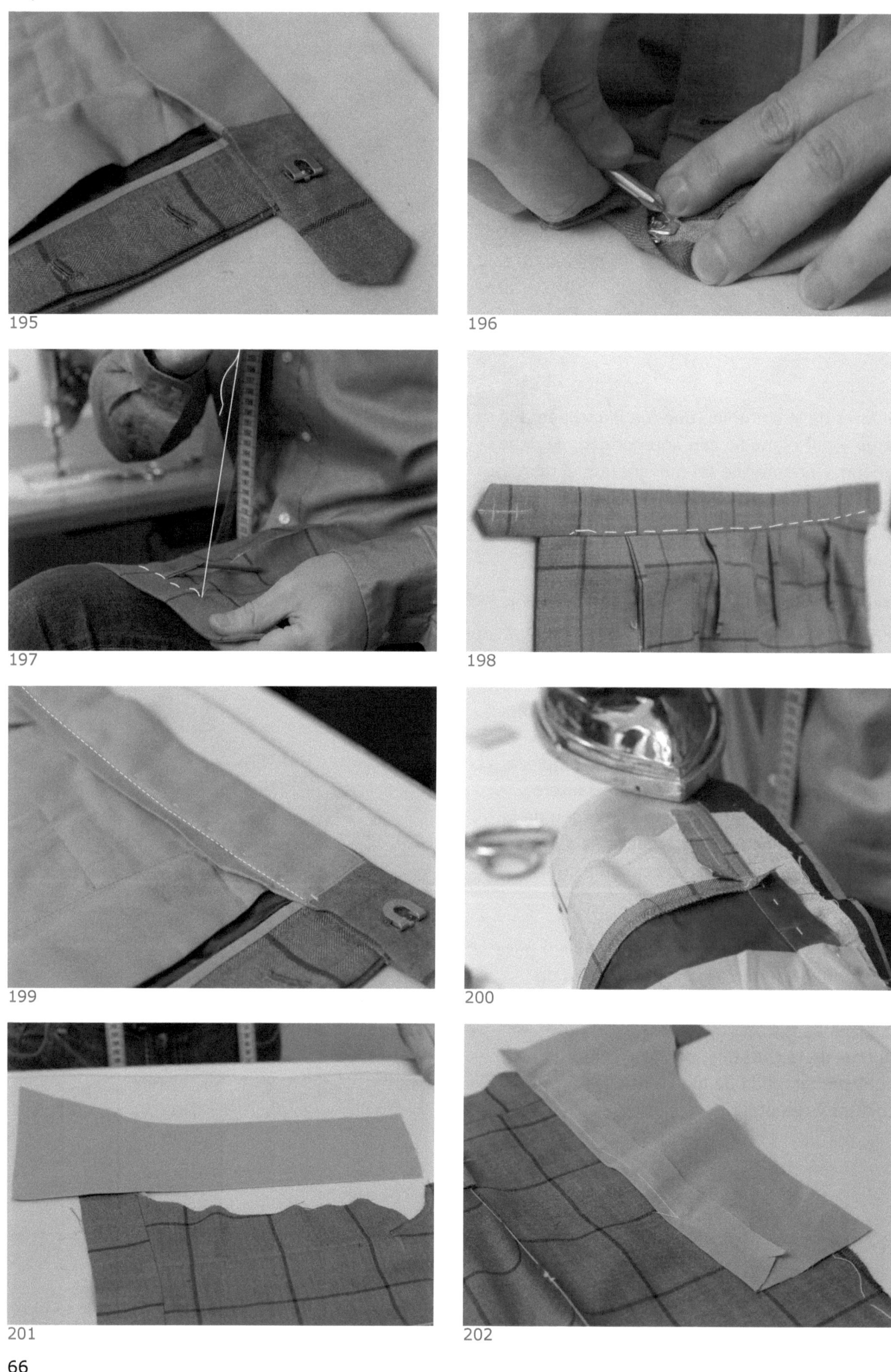

195

196

197

198

199

200

201

202

El cierre del pantalón

Imagen 195

La mejor opción es usar un gancho diseñado para ser clavado en el tejido.

Primero, aparta el forro de la cinturilla. Coloca el gancho en la cinturilla izquierda, en la dirección del margen de la braqueta. Después, clava las patas del gancho a través de la parte interna de la cinturilla.

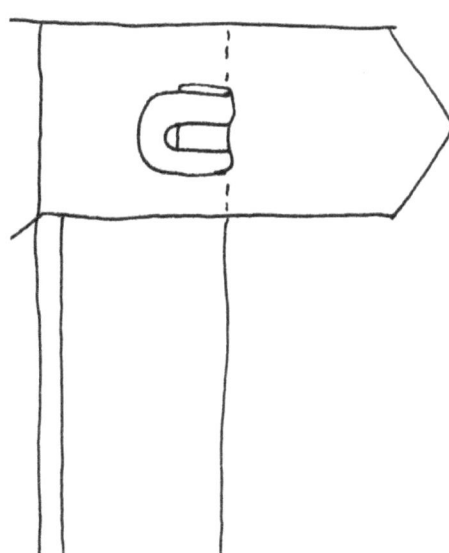

Si, por el contrario, decides usar un gancho con ojales, cóselo en la posición correspondiente.

Imagen 196

Coloca la placa de sujeción del gancho por dentro de la cinturilla y, con cuidado, dobla las patas ayudándote de un destornillador de estrella (si usas uno plano será más probable que se resbale). Existe también un aparato para doblar estas patas, pero es demasiado caro e innecesario.

Hilvanar la cinturilla

Imagen 197

Vuelve a doblar el forro de la cinturilla de la pernera delantera izquierda a su posición inicial y sujétalo desde el derecho del tejido con un hilván.

El ojal de la extensión de la cinturilla

Imagen 198

Marca el ojal en la extensión de la cinturilla y pasa un pespunte alrededor con puntadas cortas. Después, pasa otra costura por el exterior del pantalón, justo por debajo de la cinturilla.

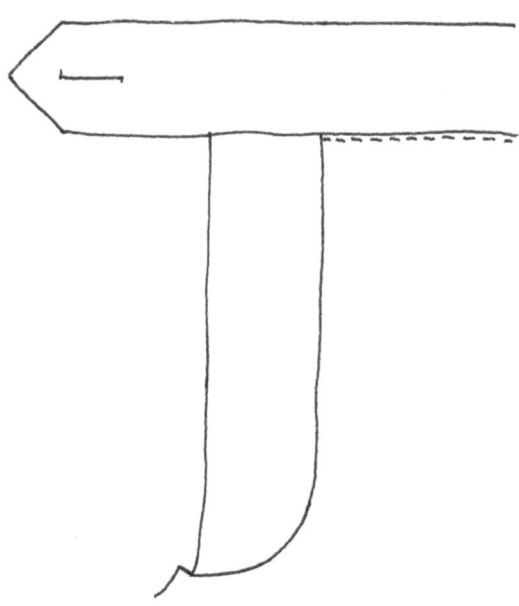

Imagen 199

El hueco que aún sigue abierto en la parte interna de la cinturilla se cerrará a mano más tarde (imagen 225 de la página 72).

La cinturilla derecha

Como en el delantero izquierdo, primero cose las trabillas. Después, sujeta la cinturilla con alfileres, comenzando en el centro delantero. Luego, pasa un pespunte a unos 2 mm de la entretela de crin desde el trasero hasta el delantero y plancha (no olvides el ojal en la costura).

Extensión de la braqueta (tapeta de botones)

Imagen 200

Plancha la costura de la cinturilla abriendo los márgenes de la misma.

Imagen 201

Ahora, corta una pieza de tejido de forro y dóblala con la plancha unos 2 cm. Luego, colócala en la costura de la braqueta cubriéndola 1 cm.

Imagen 202

El forro de la extensión debe sobresalir un poco de la cinturilla y cubrir toda la tapeta por la parte inferior. Más tarde, el margen de costura de la braqueta también deberá quedar cubierto.

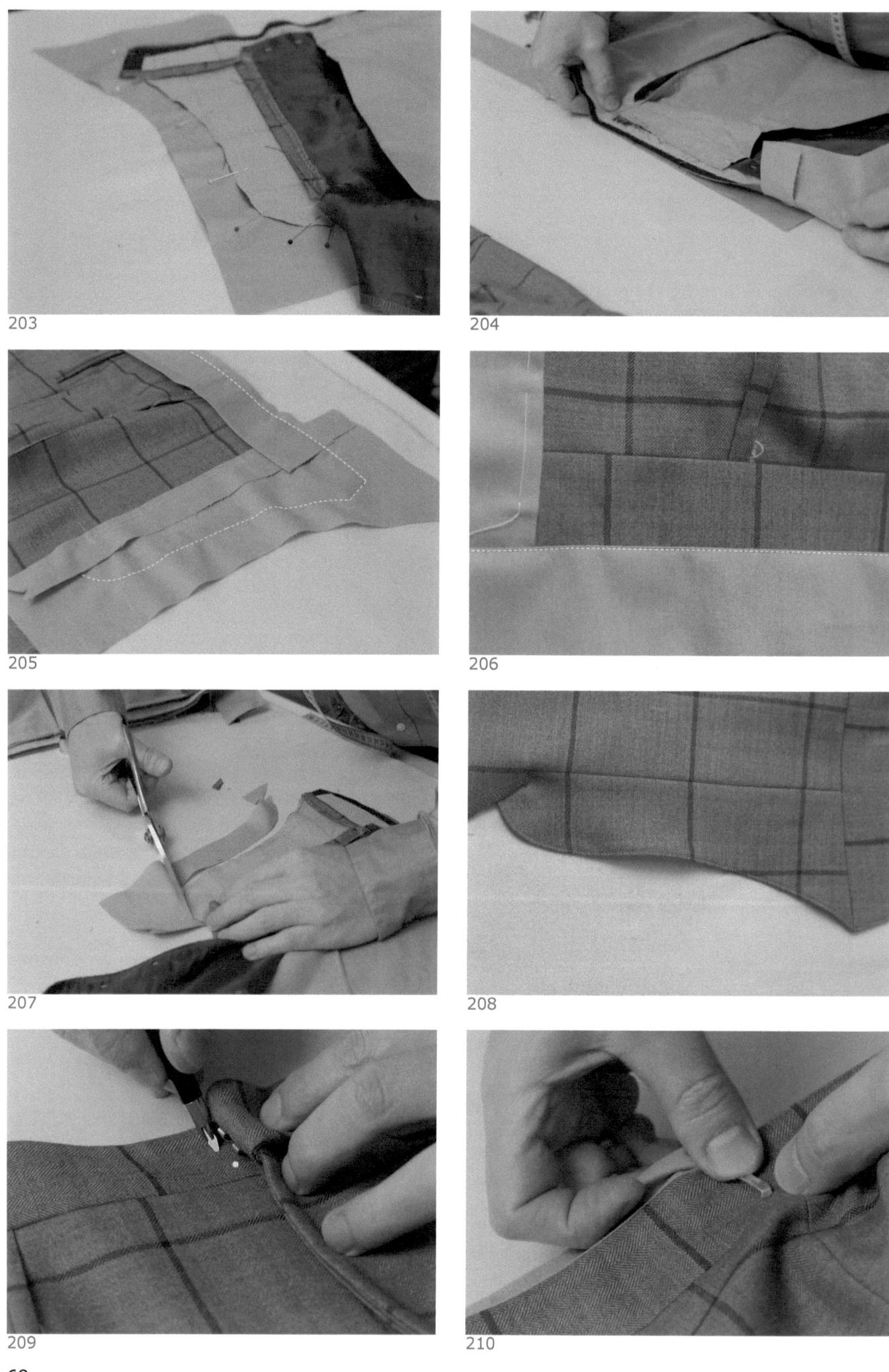

203

204

205

206

207

208

209

210

La extensión de la braqueta

Imagen 203

Vuelve la extensión de la braqueta y sujeta el forro con alfileres como se ve en la imagen.

Imagen 204

Con alfileres, incorpora el forro de la cinturilla previamente doblado de tal manera que el margen abierto apunte hacia arriba y el margen doblado hacia abajo y luego cóselo. Debería sobresalir unos 4 cm por encima del forro desde la braqueta inferior.

Imagen 205

Ahora, une la extensión de la braqueta y el forro de la cinturilla. Como en el lado izquierdo, cose a la cinturilla a unos 2 mm del margen de la entretela de crin de caballo.

Imagen 206

Luego, realiza un pespunte al canto (1 mm) sobre el forro de la cinturilla cargando los márgenes de costura hacia esta pieza.

Imagen 207

Recorta el forro de la extensión de la braqueta.

Imagen 208

Vuelve del derecho la extensión de la braqueta, plánchala y pasa un pespunte al canto por el derecho del tejido.

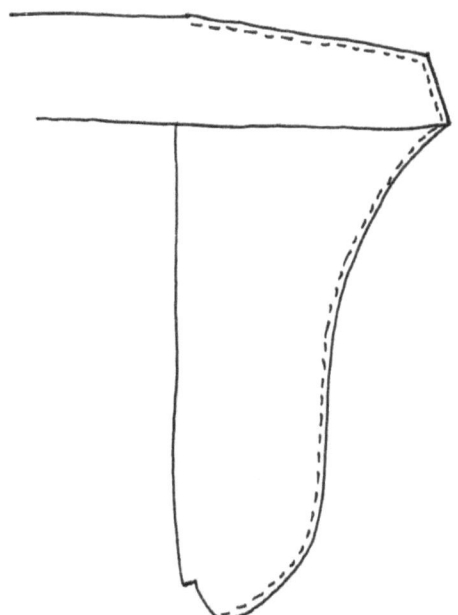

La parte hembra del cierre de gancho

Imagen 209

Pon la pernera izquierda encima de la derecha (presta atención al dibujo del tejido) y marca con tiza la posición de la parte hembra del cierre de gancho en la pernera derecha.

Imagen 210

Ahora, clava la pieza a través del tejido apartando el forro de la cinturilla.

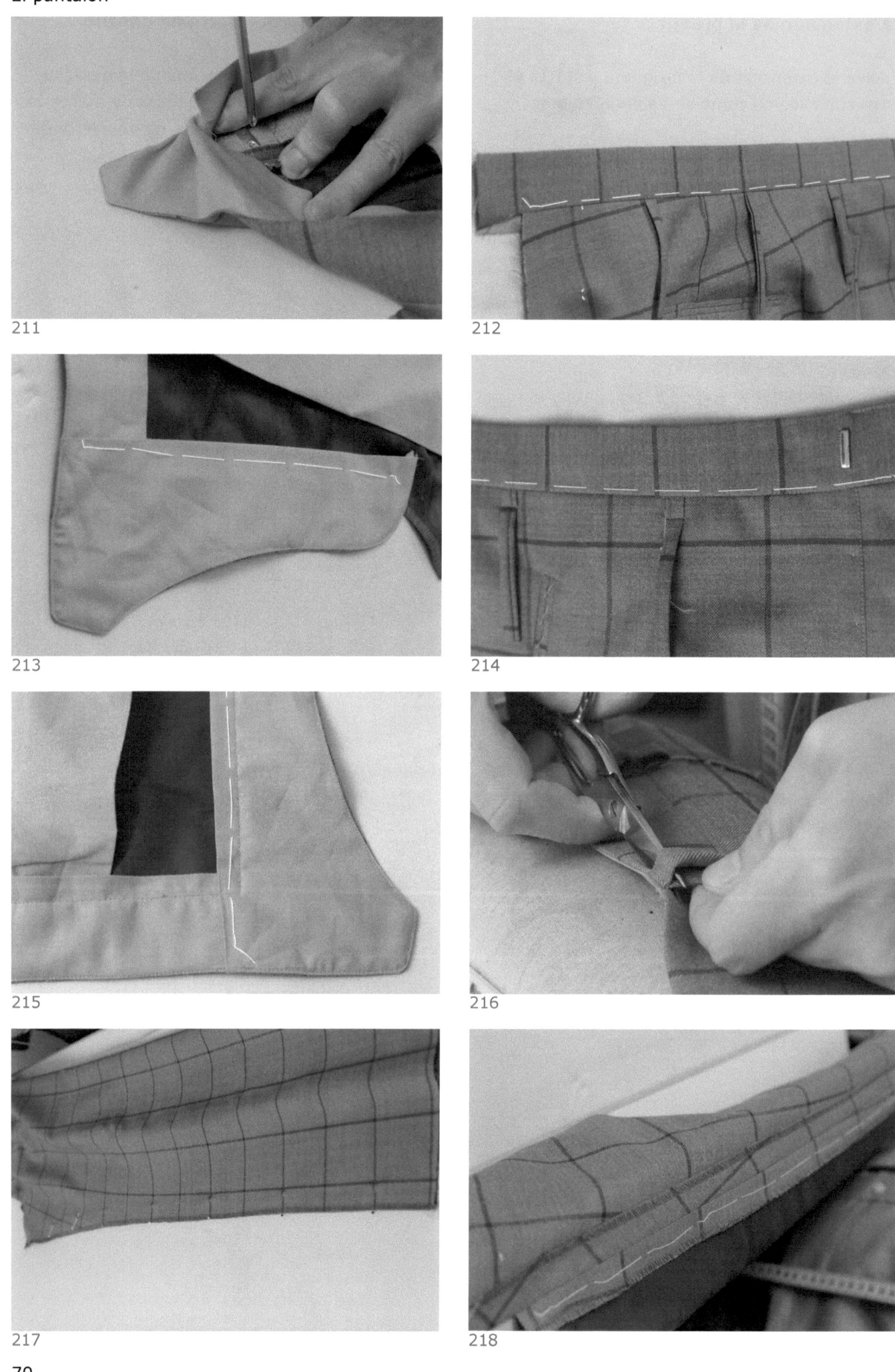

211

212

213

214

215

216

217

218

La parte hembra del cierre de gancho

Imagen 211

Sujeta la parte hembra del cierre con la placa de sujeción. Dobla las patas de la pieza con ayuda de un destornillador de estrella. Ten cuidado: si doblas demasiadas veces las patas de la pieza puedes provocar que se rompan rápidamente.

El forro de la cinturilla y la extensión de la bragueta

Imagen 212

Vuelve el forro de la cinturilla de la pernera delantera derecha hacia el interior del pantalón y sujétalo con un hilván desde el delantero hasta el trasero.

Imagen 213

Por el interior, hilvana el forro de la extensión de la bragueta asegurándote de que el margen de costura de la bragueta queda tapado.

Las trabillas

Imagen 214

Las trabillas deben ir sujetas al delantero con una costura realizada sobre ellas a 1 cm de la cinturilla, asegúrandote de que su forro está apartado y todo cae plano y sin pliegues.
Por el derecho, cose justo por debajo de la cinturilla para sujetar el forro por el interior. Luego, desde la pieza del cierre, realiza otra costura hacia abajo justo al canto de la extensión de la bragueta para sujetar su forro por el interior.

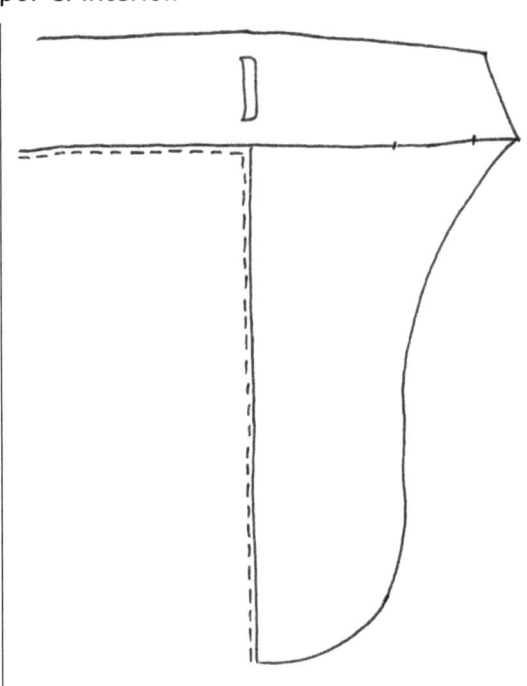

Imagen 215

En este punto, debes comprobar también el revés de la costura. Después, cose la parte superior de las trabillas doblándolas hacia el interior y apoyándolas sobre la cinturilla. Debes evitar que queden tensas; tienen que tener cierta holgura.

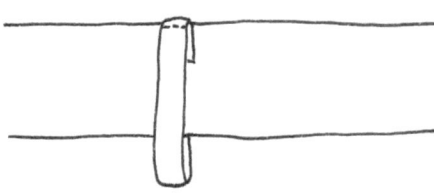

Imagen 216

Corta con cuidado el exceso de tejido de cada trabilla.

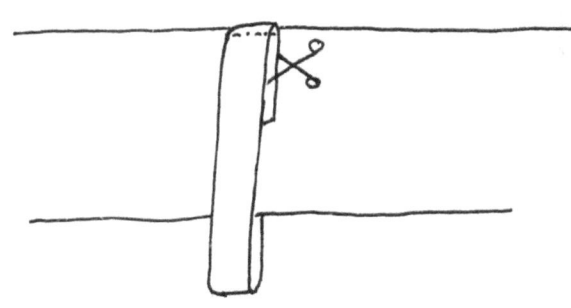

Cerrar la costura de la entrepierna

Imagen 217

Coloca la pernera trasera sobre la delantera y sujétalas con alfileres. El dibujo del tejido debe coincidir desde la línea de la rodilla hasta el bajo. A continuación, cose la entrepierna con la pernera trasera por encima dejando un margen de 2 cm (o el que hayas planteado a la hora de cortar los patrones). El dibujo de la tela no se debe desplazar.

Imagen 218

Tras comprobar que la costura está bien realizada y que el dibujo del tejido coincide perfectamente a lo largo de la mitad inferior de la pernera, abre la costura con la plancha.
Dado que la parte superior de la entrepierna de la pernera trasera fue moldeada inicialmente con la plancha, el dibujo del tejido desde la rodilla hacia arriba ya no coincidirá. No te preocupes; esto es algo normal.

El pantalón

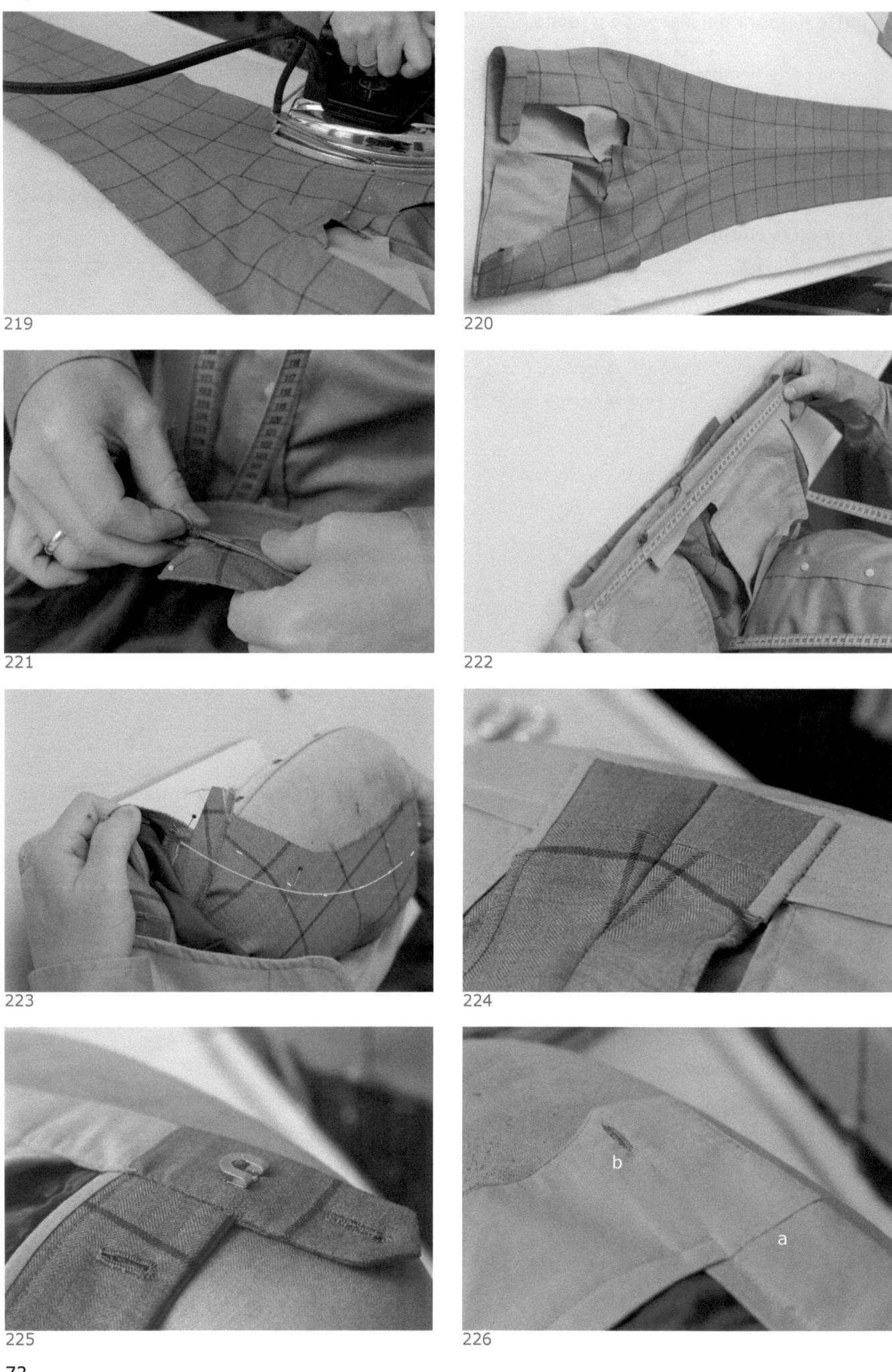

219

220

221

222

223

224

225

226

Planchar la raya trasera

Imágenes 219/220

Vuelve ambas piernas del pantalón hacia el derecho, extiéndelas y plancha la raya trasera. Si el tejido tiene dibujo, es ahora cuando se debe dar forma a las perneras con la plancha. La parte trasera debe darse estirarse en la zona del gemelo, y la delantera se debe contraer en la zona de la espinilla. También se debe contraer la zona por debajo de los glúteos.

Imagen 221

Vuelve la pierna derecha del revés. Después, introduce la pierna izquierda dentro de la derecha y sujeta con alfileres toda la costura de la horcajadura (zona también conocida como "tiro"). Procura que coincida el dibujo.

Controlar el ancho de la cinturilla

Imagen 222

Cierra la cinturilla por la parte trasera con un alfiler respetando el margen de costura. Luego, cierra la parte delantera con el gancho, mide el ancho de la cintura y ajústalo si es necesario para cuadrar la medida con las necesidades del usuario.

La costura de la horcajadura

Imagen 223

Marca de nuevo el recorrido de la costura de la horcajadura y, después, cose desde la bragueta hasta la parte trasera. Tras comprobar la costura y la continuidad del dibujo, vuelve a repasar la costura una segunda vez. Al mismo tiempo, debes estirar el tejido ligeramente para aportar elasticidad y estabilidad a la zona.

Recorta el margen de costura del centro trasero de manera que queden 2 cm en el arco inferior y 5 cm en la parte superior. Usa la remalladora para rematar los bordes. Utiliza la plancha para estirar el gavilán (zona con cruces en el dibujo que aparece a continuación) y abrir los márgenes de costura.

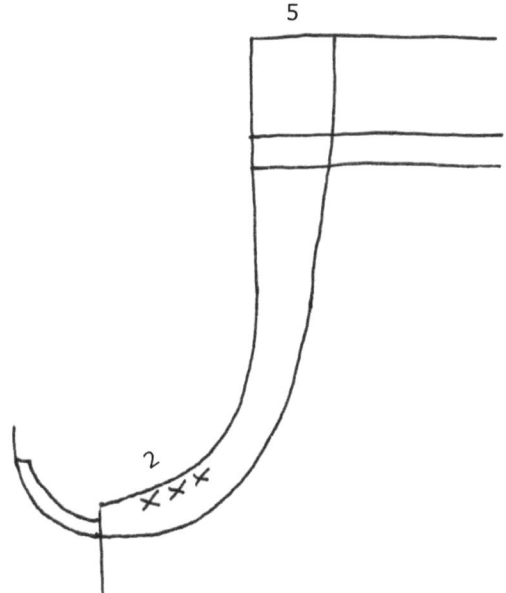

Imagen 224

La parte superior de los márgenes traseros de la cinturilla se remata con el tejido de forro y se sujeta con el hilo empleado para hacer los ojales. Este montaje permite modificar la anchura del contorno de la cintura fácilmente con posterioridad, al mismo tiempo que ofrece una imagen limpia propia de la sastrería tradicional.

Imagen 225

Cierra con el hilo usado para hacer los ojales la parte que quedaba abierta por el revés de la cinturilla.

En el caso de realizar una bragueta de cremallera, tras coserla, el extremo se debe introducir por este hueco. Después, la costura se cierra a mano con puntadas invisibles (consulta la imagen 372 de la página 114 para más información).

Los ojales

Cose a mano los ojales de los bolsillos traseros y el de la extensión de la bragueta (consulta la página 51 para más información).

Imagen 226

El extremo abierto en la parte interior de la cinturilla del lado derecho se debe cerrar con puntadas invisibles (a). Consulta el esquema de la cinturilla derecha de la página 63.
Para realizar el ojal del botón de la extensión de la bragueta realiza una incisión en el forro, gíralo un poco hacia el interior y, después, realiza puntadas invisibles dos veces alrededor (b).

El pantalón

227

228

229

230

231

232

233

234

74

El bajo con puntadas invisibles

Imagen 227

Mide la longitud del pantalón y marca por el lado interior de la pernera, desde la entrepierna hasta el bajo. Es recomendable medir varias veces para no quedarse demasiado corto por error.

Imagen 228

Según el diseño, el bajo puede caer recto o ser más estrecho en esta zona. El margen de costura del bajo debería ser de unos 6 cm. Para evitar que este se marque por el exterior, el margen no se remata con la remalladora, sino que se corta con tijeras de corte en zig-zag.

Preparación de la cinta talonera

Los márgenes de la cinta, que mide 3 cm de ancho, se doblan 0,75 cm a cada lado y después se cosen al canto.

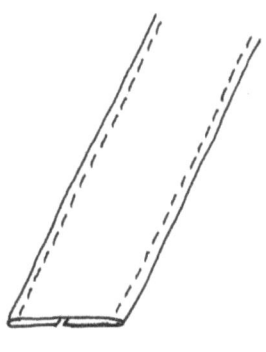

También puedes usar una talonera prefabricada. Sin embargo, estas suelen ser muy duras y es difícil encontrar un modelo cuyo color combine bien con algunos tejidos.

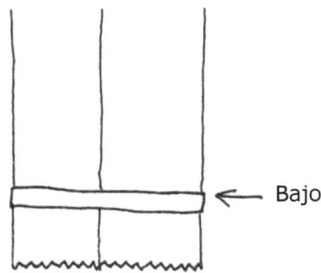

← Bajo

Imagen 229

Después de haber vuelto la pernera del revés, cose la cinta talonera debajo de la línea marcada con tiza (el bajo). Tras esto, estira con cuidado el margen de costura del bajo delantero con la plancha. De esta manera, se evita que este tire de la pernera después de haber sido cosido.

Imagen 230

Dobla el margen del bajo hacia dentro y sujétalo con hilo de hilvanar. La cinta talonera debería sobresalir en torno a 1 mm; así es como mejor cumple su propósito.

Imagen 231

Cose el margen del bajo con puntadas invisibles. Asegúrate de agarrar con la aguja solo unos pocos hilos del tejido y que la puntada no queda excesivamente apretada para evitar que se marque por el derecho.

Planchado del pantalón

Imagen 232

Plancha los pantalones con una plancha pesada y un trapo de planchado para evitar que salgan brillos sobre el tejido.
Primero, plancha las perneras individualmente por la entrepierna y el costado. Durante el proceso, retira todos los hilvanes que queden aún sobre el tejido.

Imagen 233

Plancha los bolsillos, la bragueta y el resto de secciones sobre un cojín de planchado.

Imagen 234

Puedes facilitarte el proceso con algunas herramientas: el gancho de la cinturilla lo puedes insertar dentro de una plantilla con una hendidura realizada en cartón grueso. Así, te resultará más sencillo planchar la cinturilla izquierda.

Después de planchar, cuelga con cuidado el pantalón en una percha para permitir que se enfríe y evitar que se formen arrugas.

El pantalón

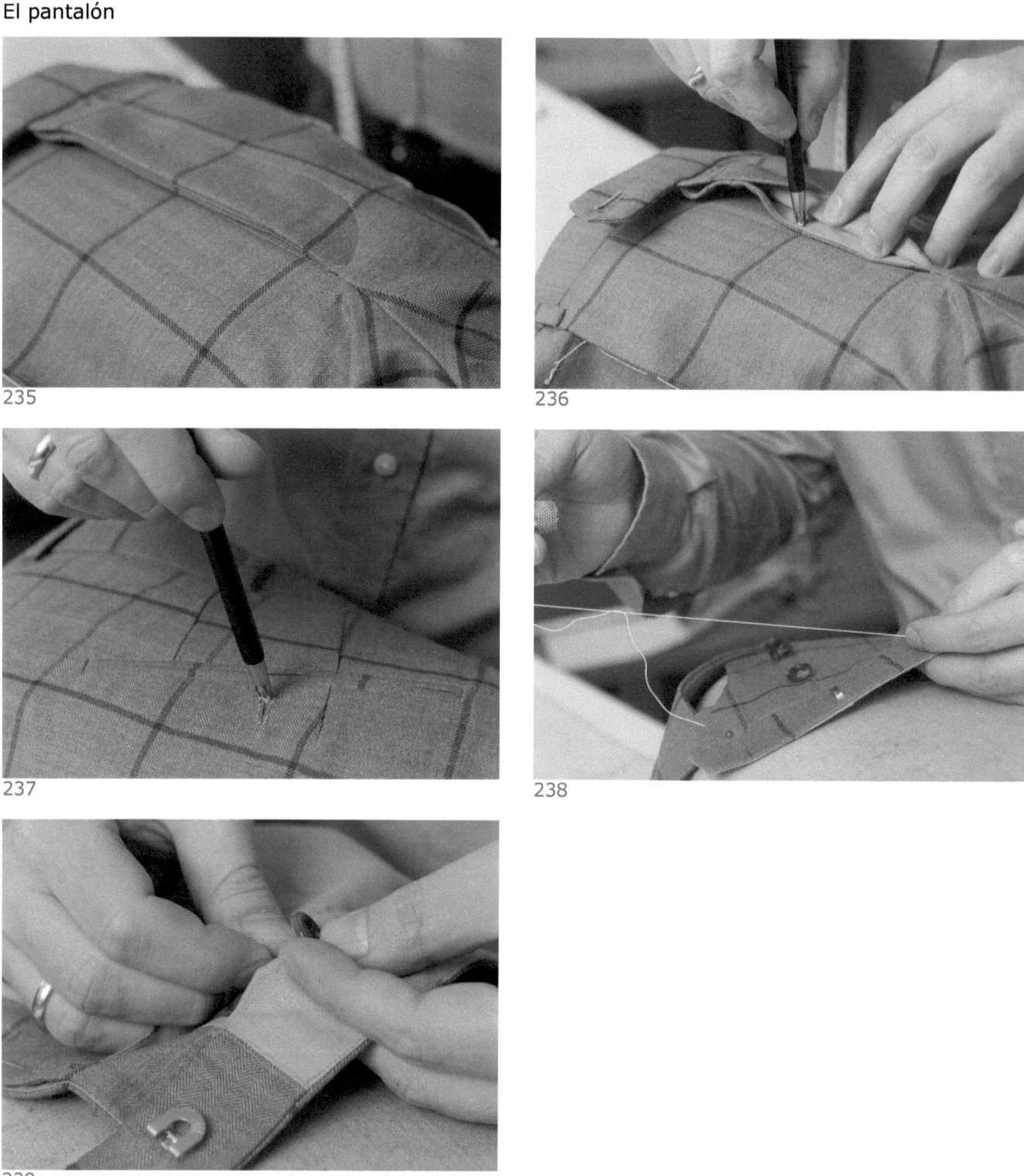

235

236

237

238

239

Marcar los botones de la braqueta

Imágenes 235/236

Cuando el pantalón se haya enfriado, marca la posición de los botones en la braqueta. Ciérrala montando los delanteros y, con cuidado, retira la parte superior que cubre los ojales para realizar las marcas con tiza.

Imagen 237

Haz lo mismo en los bolsillos traseros, en la extensión de la cinturilla y en el interior de la braqueta (para el botón interno).

Coser los botones

Imágenes 238/239

Después, cose todos los botones dejando un tallo corto con el hilo de los ojales previamente encerado. Pasa el hilo por una vela de cera de abeja, luego colócalo entre un trozo de papel secante doblado y finalmente plánchalo.
Asegúrate de que ningún resto de cera acabe manchando el pantalón.
Con este proceso, conseguirás que los cabos del hilo no se salgan fácilmente al coser.

Para finalizar, es aconsejable que te asegures en todo momento de mantener el pantalón sin arrugas.

240

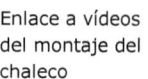

Enlace a vídeos
del montaje del
chaleco

https://www.becomeatailor.com/videos-waistcoat/

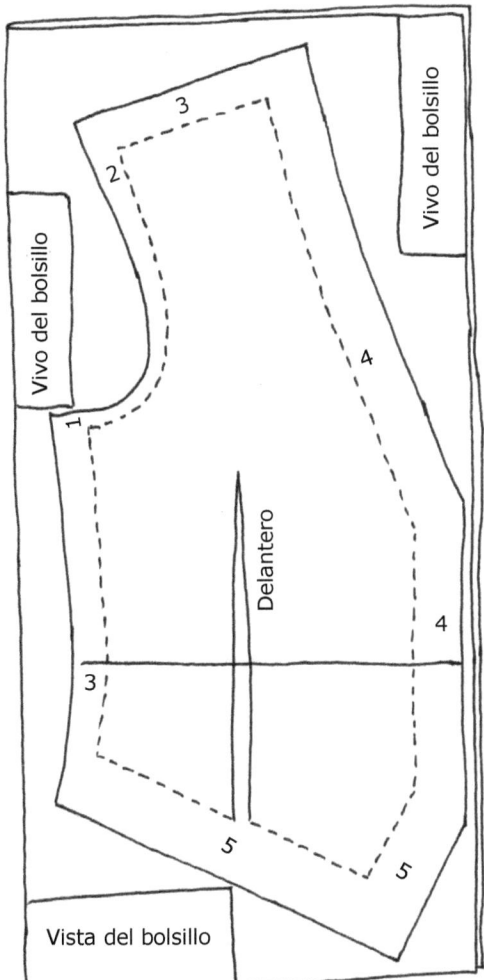

Corte del delantero del chaleco

Debes prestar atención a la dirección del hilo (la urdimbre) del tejido con el que confeccionarás la prenda. Para determinarlo, pasa la mano por su superficie. Con algo de práctica, serás capaz de sentir la dirección del hilo y reconocer el sentido del pelo o las fibras de las que está compuesto. Las piezas del chaleco se cortan en la misma dirección que las de los pantalones para evitar contrastes cuando incida la luz sobre las prendas terminadas. Los márgenes de costura deben ser los que se muestran en el dibujo. No obstante, puedes dejar un margen de costura de entre 0,75 y 1 cm por todo el contorno (consulta también la explicación de la página 129).

Medidas de los componentes de los bolsillos

Vista: 15 cm de ancho; 5 cm de largo
Vivos: 5 cm de ancho; 15 cm de largo

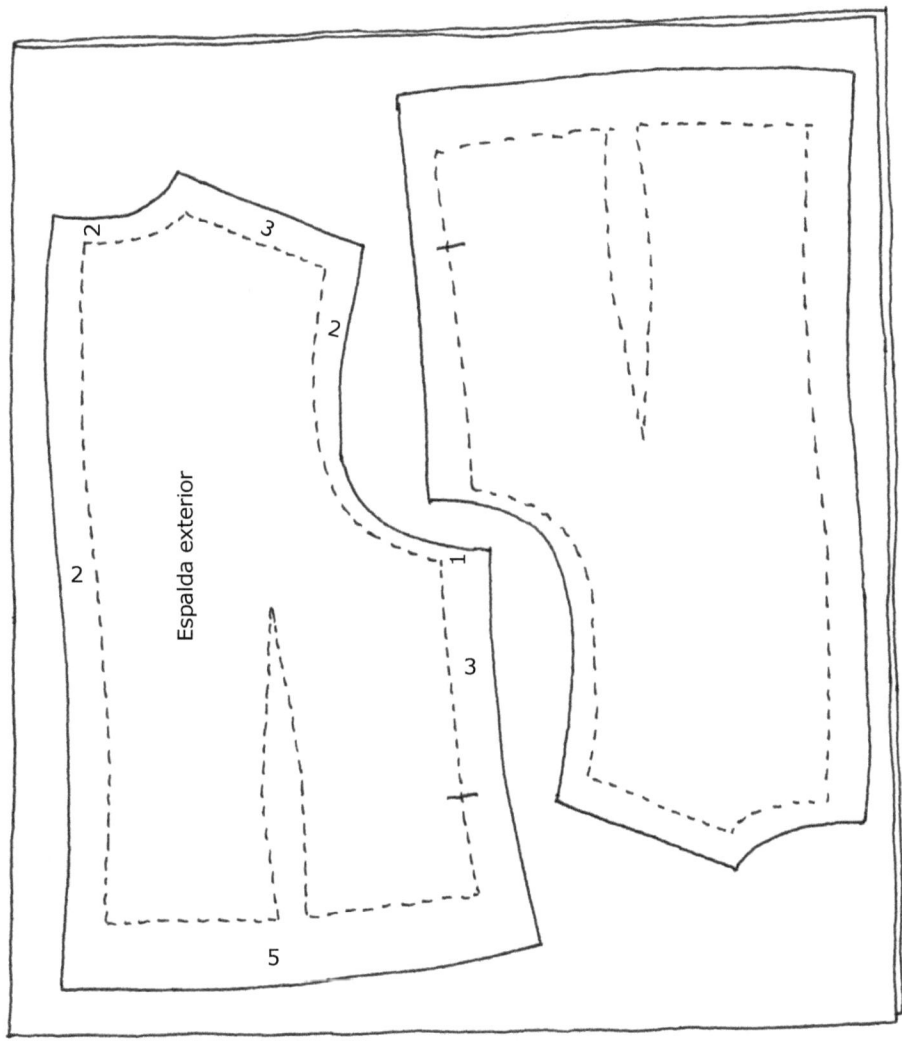

La espalda del chaleco

Si cortas la espalda en tejido de forro, puedes posicionar los patrones en diferentes sentidos, ya que ni el hilo ni las fibras suelen tener una orientación determinada.

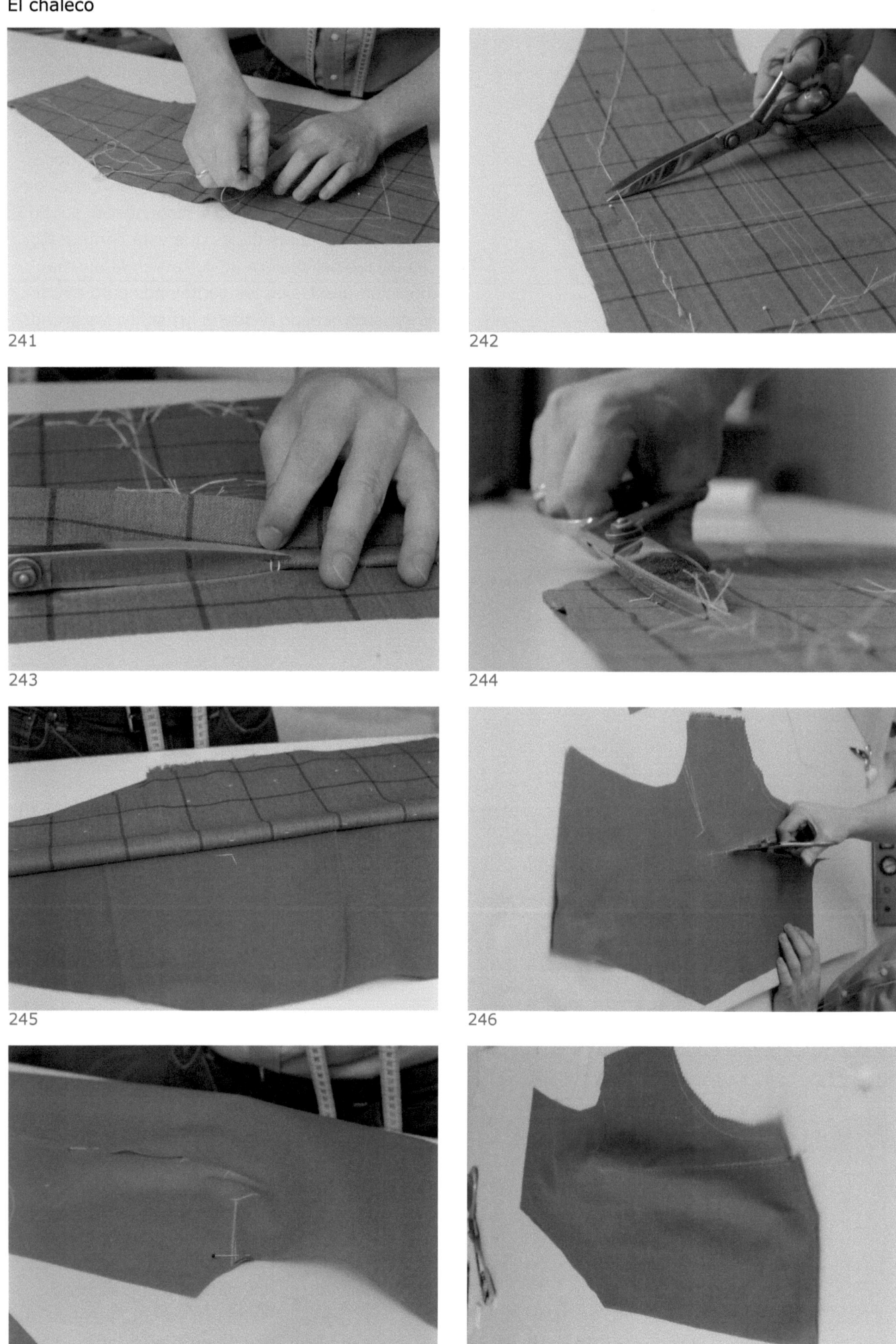

241

242

243

244

245

246

247

248

Marcar los delanteros con hilos flojos

Imagen 241

Junta los dos delanteros encarando los derechos. Asegúrate de que el dibujo del tejido esté alineado de forma precisa. Primero, sujétalos con alfileres. Luego, realiza la técnica de los hilos flojos con hilo doble (consulta la página 10).

Imagen 242

Después, corta el hilo entre las puntadas orientando las tijeras hacia los márgenes de las piezas. De esta manera, si cortas el tejido inintencionadamente es más probable que lo hagas en el margen de costura, lo que reduce el riesgo de que haya daños visibles en la prenda.

Imagen 243

Con cuidado, separa las piezas y corta las puntadas entre las capas de tejido. ¡Ten cuidado de nuevo para no dañar el tejido!

Imagen 244

Vuelve a poner una capa de tejido encima de la otra y recorta los hilos sobresalientes de las puntadas. Cabe destacar que las puntadas se deben realizar sobre cada línea de tiza del chaleco.

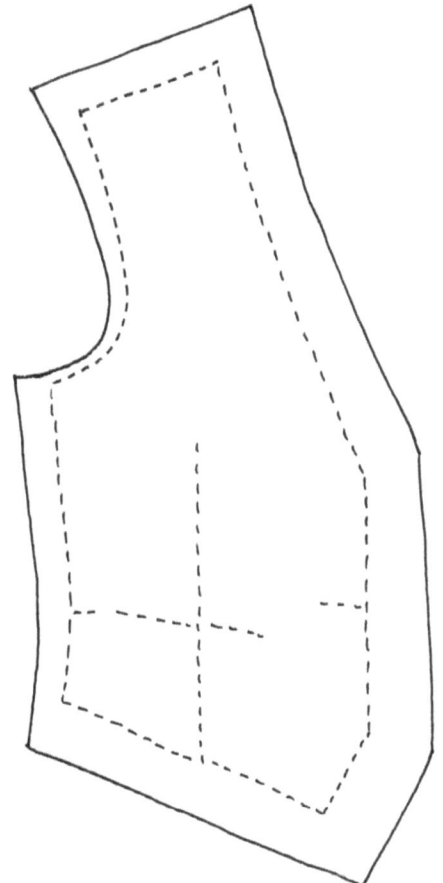

Corte de la entretela de loneta

Imagen 245

Coloca el delantero sobre una pieza de lino holandés (también conocido como lino Olán, lino belga o lino de Holanda) o un material similar haciendo coincidir la dirección del hilo de ambos tejidos y recorta su silueta dejando cierto margen. Dibuja una marca con tiza en la sisa, justo donde la curva es más pronunciada. Sin que el tejido se deslice, dobla el delantero y marca la posición de la pinza.

Imagen 246

Remarca las pinzas de la cintura y la sisa. Luego, corta por las líneas marcadas para abrirlas.

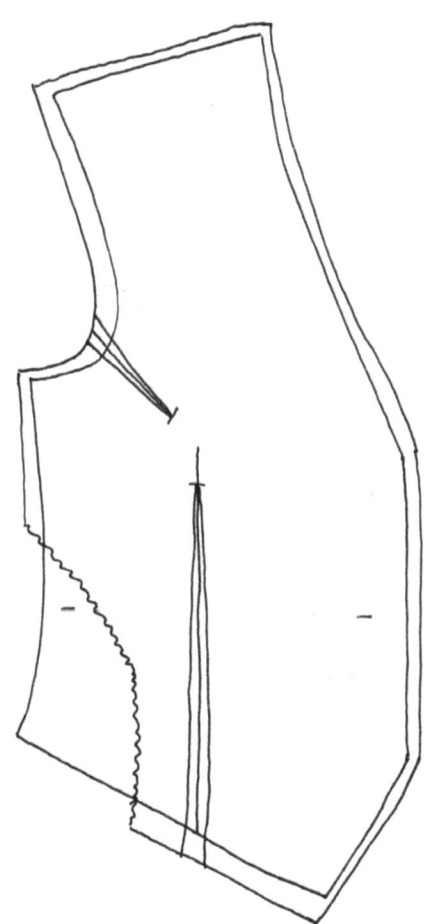

Dar forma a la entretela

Imagen 247

Primero, cierra las pinzas con alfileres y, luego, cóselas con puntadas en zig-zag.

Imagen 248

Plancha las pinzas, a ser posible, sobre un cojín de planchado grande para poder moldear el delantero fácilmente. Al acabar, se debe hacer visible un "bulto" uniforme en la zona del pecho.

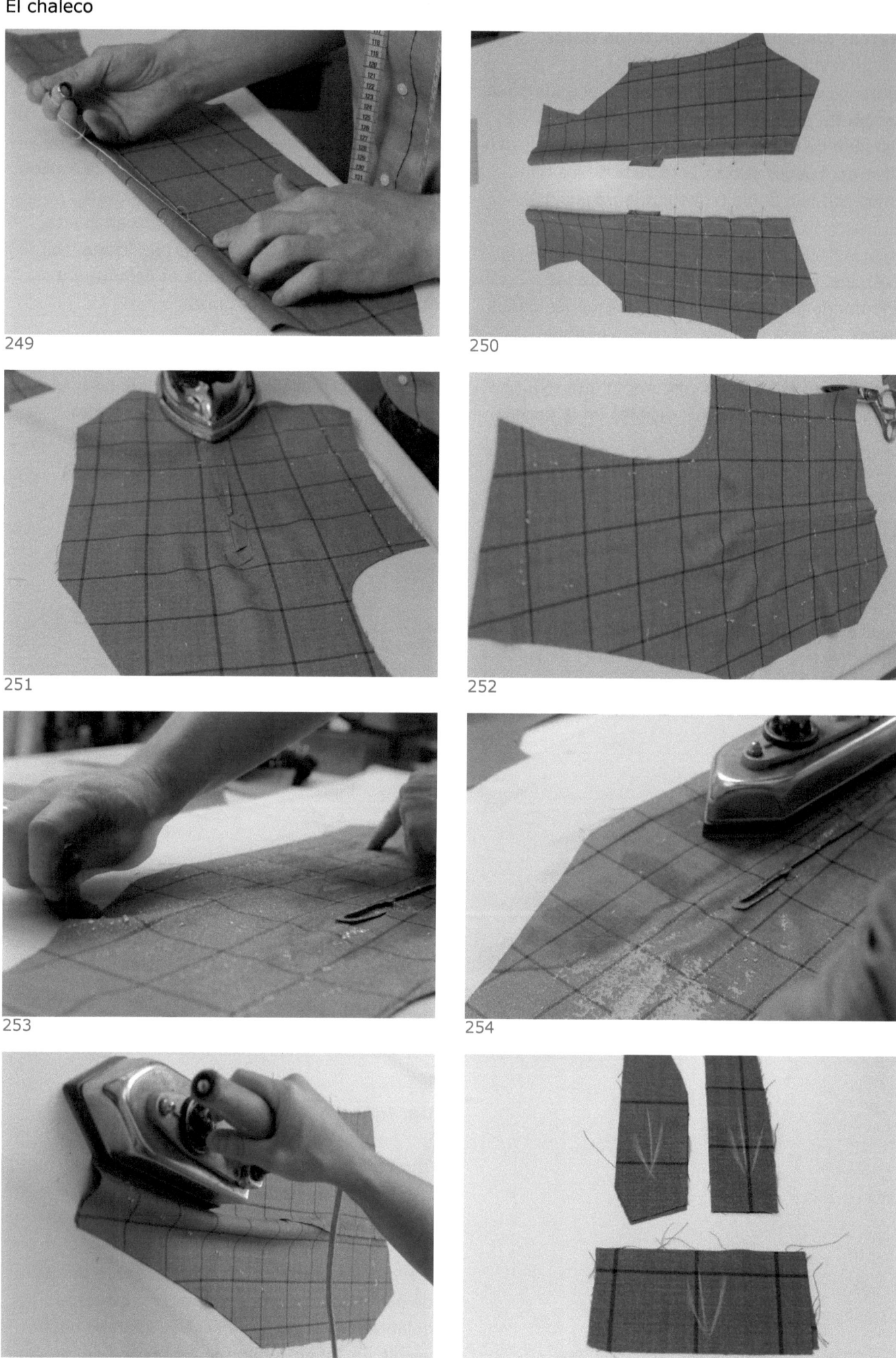

249

250

251

252

253

254

255

256

Cierre de la pinza del delantero

Imagen 249
Hilvana las pinzas para que el tejido no se desplace comprobando que el dibujo del tejido casará perfectamente después de coser.

Imagen 250
Dobla la pinza y plánchala. Coloca debajo de la punta de la pinza una pieza del tejido principal cortada al bies de unos 8 cm de largo. Esto facilitará el planchado de la punta. De forma complementaria, puedes asegurar la pinza con alfileres para inmovilizar el dibujo antes de coserla.

Imagen 251
Corta y abre la pinza cuidadosamente con las tijeras hasta el comienzo de la pieza añadida. Después, plancha la costura separando los márgenes. Finalmente, recorta la pieza cortada al bies para reducir su tamaño.

Imagen 252
La pinzas de cada delantero deben tener la misma longitud y caer en el medio del dibujo del tejido para que se camuflen lo máximo posible. Ten en cuenta que si trabajas con tejidos con dibujos asimétricos o continuos es posible que tengas que desplazar las pinzas hacia el lugar más indicado.

Moldeado del delantero

Imagen 253
El delantero se debe moldear con la plancha para que se adapte mejor al cuerpo. En el dibujo inferior, las cruces señalan zonas del patrón que se deben estirar (para ensanchar o alargar). Por su parte, las líneas curvas marcan zonas que se deben reducir (para encoger o estrechar). Para esta operación debes juntar los delanteros encarando los derechos para obtener el mismo resultado en ambas piezas. Antes de ello, empapa las piezas con un cepillo para ropa o un pulverizador.

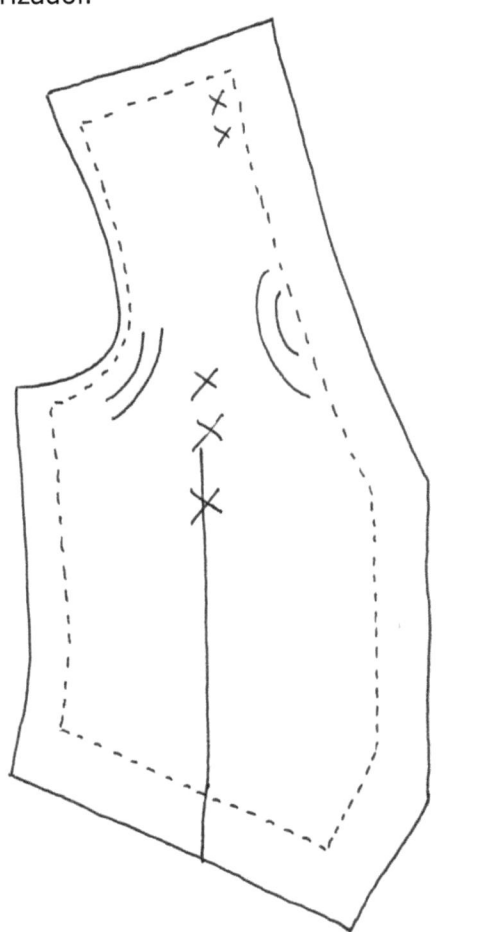

Imagen 254
Realiza el moldeado de las piezas mientras las secas con la plancha.

Imagen 255
Puedes usar como referencia el dibujo del tejido. Este debería quedar siempre simétrico, paralelo y sin giros.

Imagen 256
Las piezas de los vivos y las vistas también deben ser humedecidas y, posteriormente, secadas con la plancha.

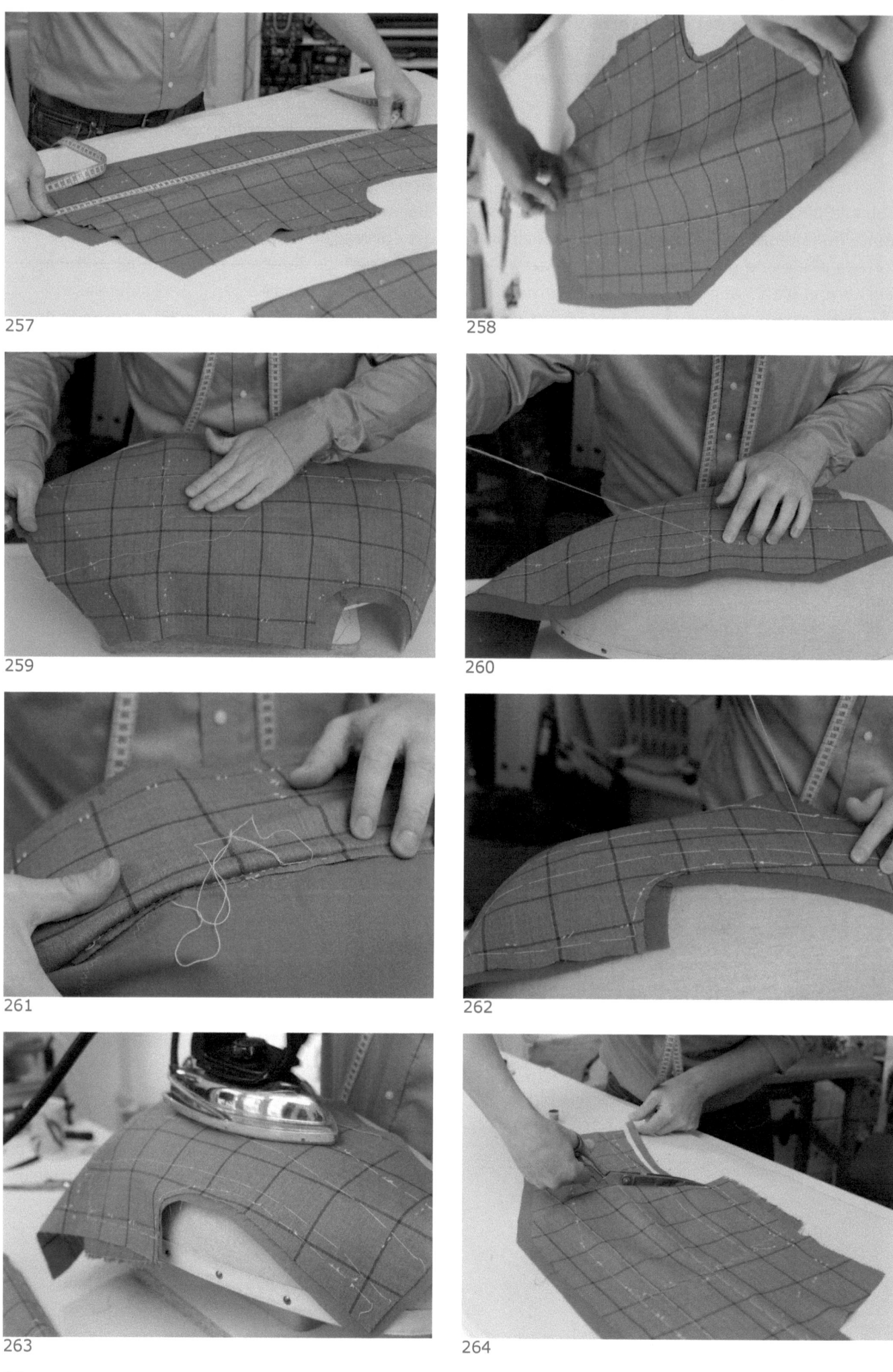

257

258

259

260

261

262

263

264

Hilvanar el delantero a la entretela

Imagen 257

Coloca el delantero sobre la entretela. El hilo del tejido y la orientación del dibujo deben ser paralelos al margen delantero. Esto se puede comprobar con la cinta métrica o con una regla.

Imagen 258

Une con un hilván el delantero a la entretela a lo largo del dibujo del tejido para bloquear el movimiento de las piezas (flecha 1 del dibujo).

Imagen 259

Pasa otro hilván por la línea de la cintura desde el margen delantero hacia la pinza, siguiendo hasta la parte de arriba de la misma y en dirección al hombro. Ve alisando el tejido teniendo cuidado de no deformar el patrón (2).

Imagen 260

Desde la cintura, hilvana hacia el escote (3) y, después, hacia la parte inferior del margen delantero (4). A continuación, hilvana hacia abajo desde la parte de la pinza que coincide con la altura de la cintura (5).

Sujetar la pinza

Imagen 261

Dobla longitudinalmente por la pinza la parte trasera del delantero para realizar, con cierta holgura, una costura con la técnica del punto atrás y unir las dos capas de tejido por el margen de costura de la pinza. Cuando acabes, vuelve a desdoblar el delantero.

Imagen 262

Pasa un hilván que vaya desde la cintura hacia el costado, se dirija hacia arriba por detrás de la línea de costura del mismo y recorra toda la sisa (6). Comprueba que las piezas no se hayan deformado y que los tejidos estén hilvanados firmemente sin demasiada tensión.

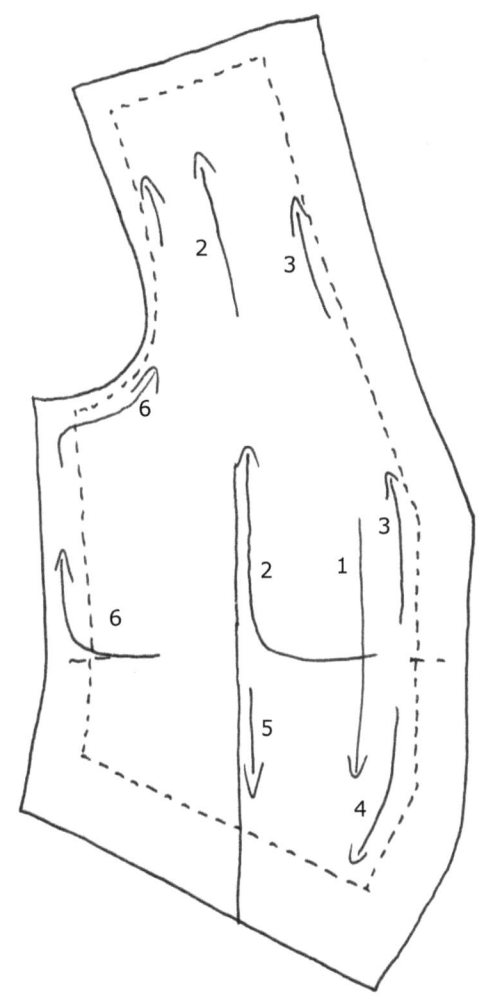

Planchar el delantero

Imagen 263

Plancha por separado cada delantero sobre un cojín de planchado de gran tamaño.

Imagen 264

Recorta las partes de la entretela que sobresalgan del patrón delantero.

265

266

267

268

269

270

271

272

Retención del escote

Imagen 265

Se debe coser una cinta recta de lino (no cinta al bies) justo detrás de la línea del escote. Se tendrá que cortar de menor o mayor longitud dependiendo de lo prominente que sea el pecho del usuario y el grosor del tejido exterior. Normalmente, con utilizar una cinta 1 cm más corta que la línea del escote suele ser suficiente. También se puede utilizar cinta termoadhesiva.

Imagen 266

Dobla y plancha el centro delantero, el escote, el bajo y el margen inferior delantero (es importante que lo hagas en este orden).

Imagen 267

Hilvana las partes dobladas para sujetarlas.

Corte de la espalda del chaleco

Imagen 268

Corta la espalda del chaleco. Para la primera muestra, es suficiente con que la cortes una vez. En la imagen, el forro está doblado a lomo (por la mitad), es decir, la espalda se estaría cortando dos veces. Después, transfiere la pinza a la otra pieza de la espalda.

Imagen 269

A continuación, cose el centro de espalda y las pinzas. Plancha el centro de espalda abriendo la costura. Las pinzas deben ir cargadas hacia los costados. Ten cuidado al planchar tejidos de forro, ya que si lo haces sobre una arruga será muy difícil eliminarla.

Imagen 270

Vuelve a marcar las costuras de los costados y los hombros sobre el forro.

Imagen 271

En primer lugar, hilvana los costados de la espalda al costado correspondiente de cada delantero.

Imagen 272

Después, con algo de holgura, hilvana la espalda al delantero por los hombros.

En este punto (consulta la imagen de la página 78), el chaleco estará preparado para probarlo por primera vez sobre un maniquí o con el usuario final.

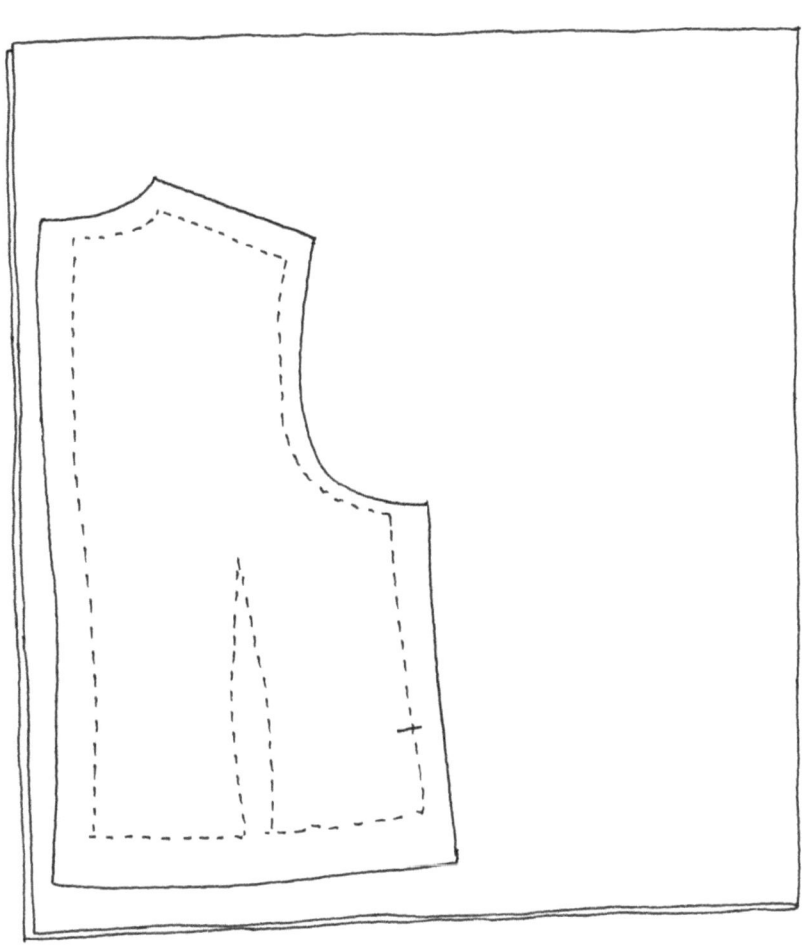

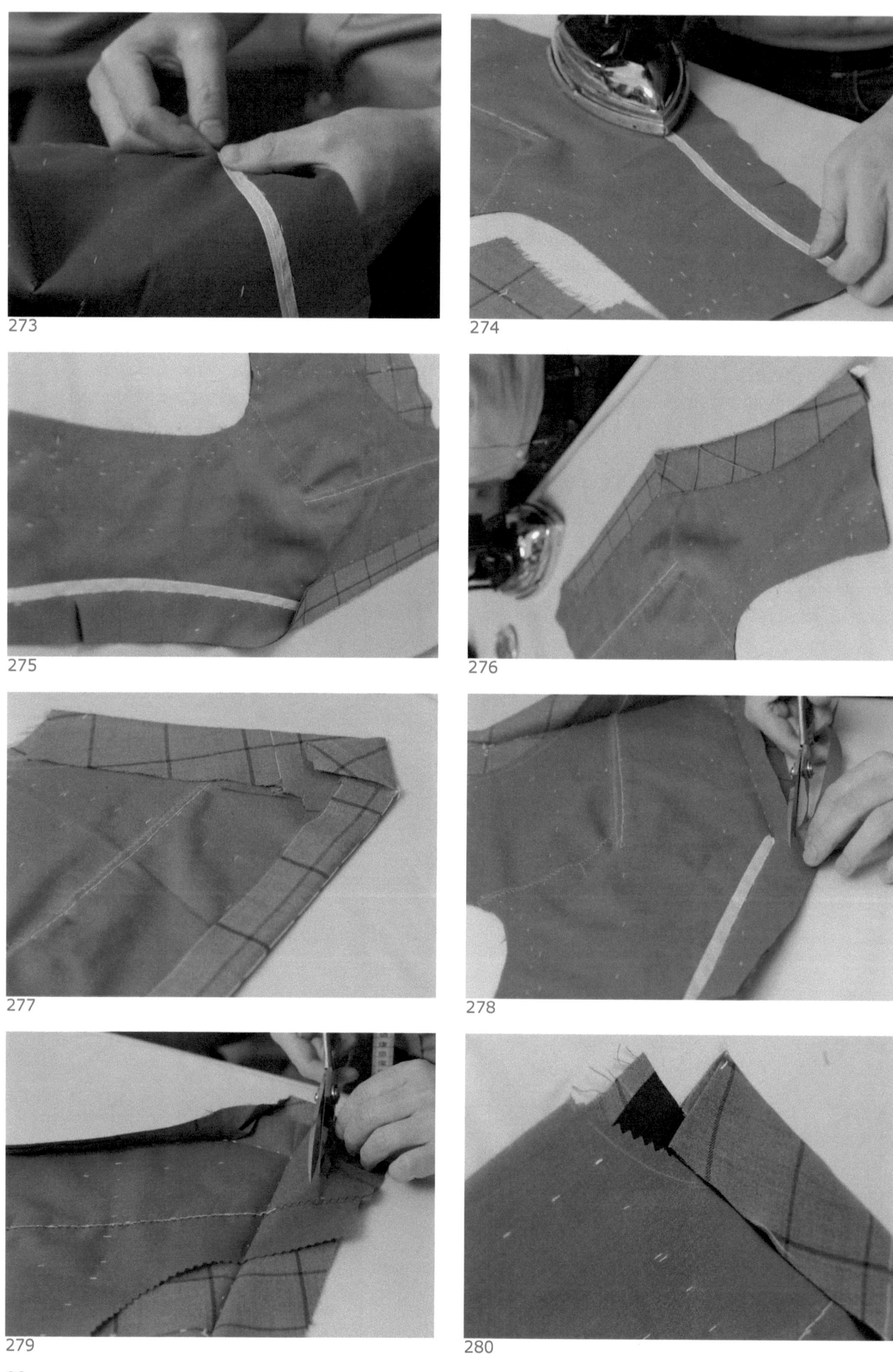

273

274

275

276

277

278

279

280

El chaleco tras la primera prueba

Primero, retira el chaleco con cuidado.

Preparación del centro delantero

Después, si es necesario, vuelve a marcar el margen delantero y todos los cambios a realizar.

Retención del escote

Imagen 273

Quizás necesitas corregir la posición de la cinta de lino y valorar si debes estrechar o ensanchar la longitud del escote utilizando dicha cinta. Después, cose la cinta a la loneta usando puntadas ciegas sin atravesar el tejido exterior.

Imagen 274

Plancha el escote y la cinta de lino. Realiza varios cortes en el margen de costura de la entretela para no perder la curvatura del escote al planchar.

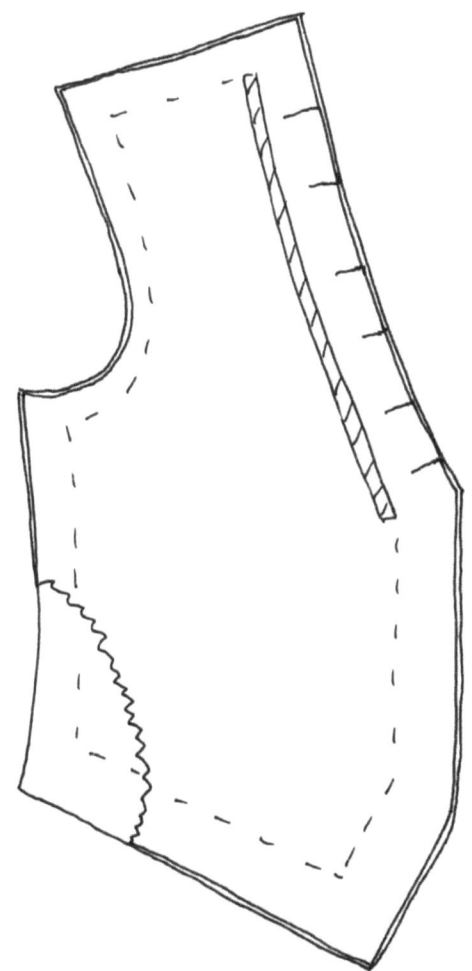

Doblado y planchado de los márgenes

Imagen 275

Ahora, dobla y plancha el margen delantero (centro delantero). Debes prestar atención para mantener paralelo el dibujo del tejido.

Imagen 276

Después, dobla hacia el interior el margen de costura del escote y plánchalo estirándolo ligeramente. Para que el escote mantenga su curvatura, el pliegue del vértice entre el propio escote y el margen delantero debería quedar perpendicular a dicho margen.

Imagen 277

A continuación, dobla y plancha la parte inferior del margen delantero y el bajo.

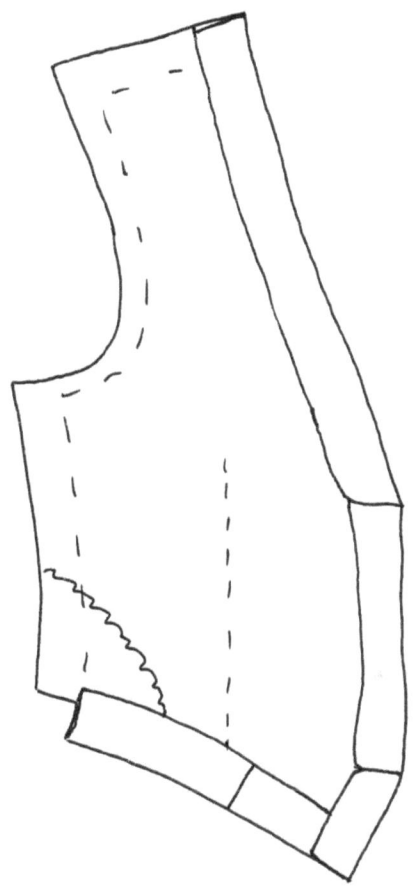

Imagen 278

Recorta 1 cm de la entretela en la zona del escote y en el centro delantero.

Imagen 279

Recorta 2 cm de la entretela en la parte inferior del margen delantero y en el bajo.

Estabilización de la abertura lateral

Imagen 280

Si el diseño del chaleco cuenta con una abertura en el bajo del costado, incorpora un trozo de entretela termoadhesiva muy fina en esta zona. Después, realiza un corte en el margen de costura, gíralo y plánchalo.

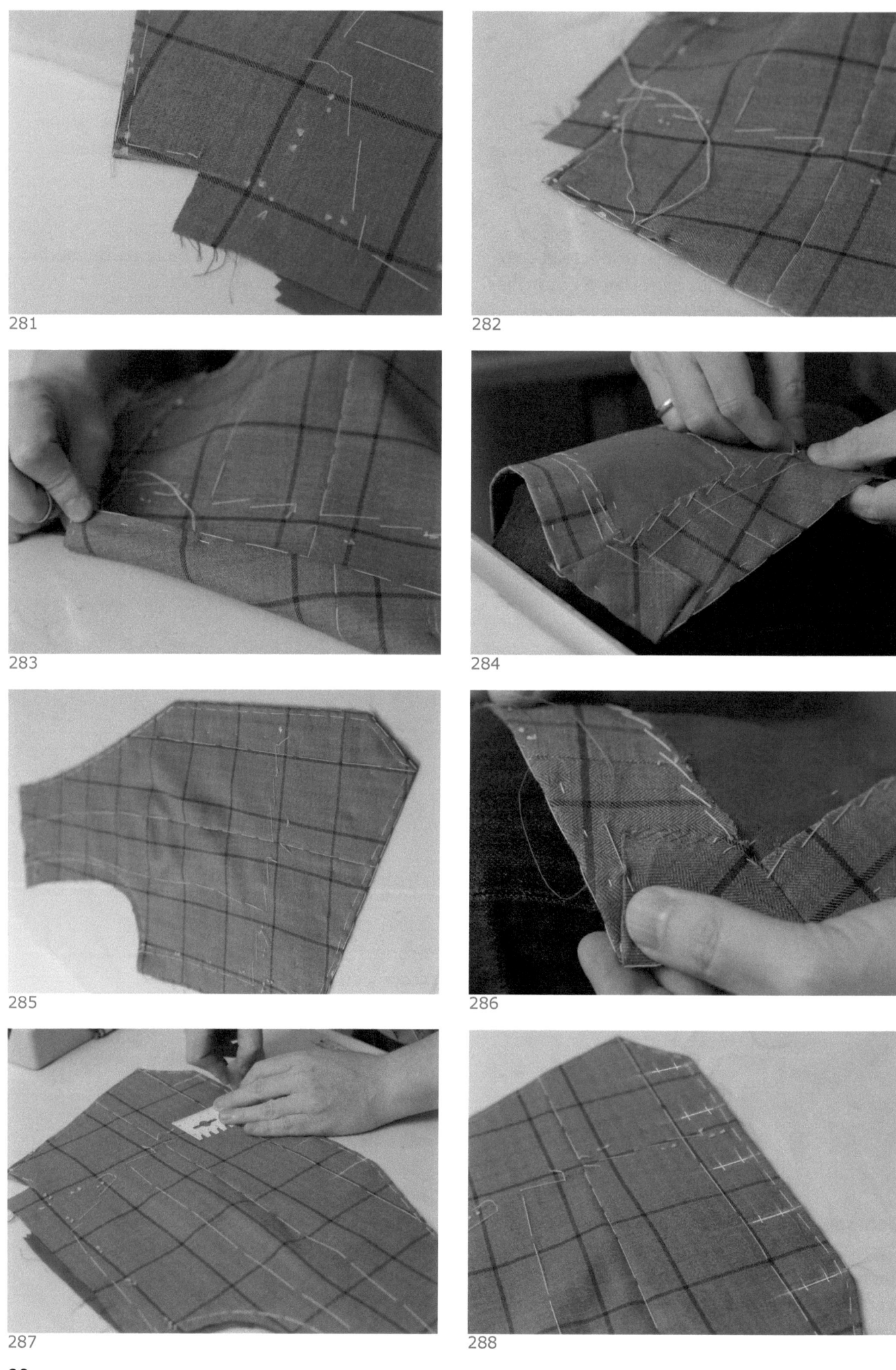

281

282

283

284

285

286

287

288

Imágenes 281/282/283

Fija con un hilván la abertura lateral, el margen inferior delantero, el centro delantero y el escote.

Picado de la vista del escote

Imágenes 284/285

La vista del escote se debe fijar a la entretela con la técnica del picado. Asegúrate de que únicamente agarras la entretela y no incluyes el tejido exterior. Cierra también todos los pliegues de la vista con puntadas ciegas.

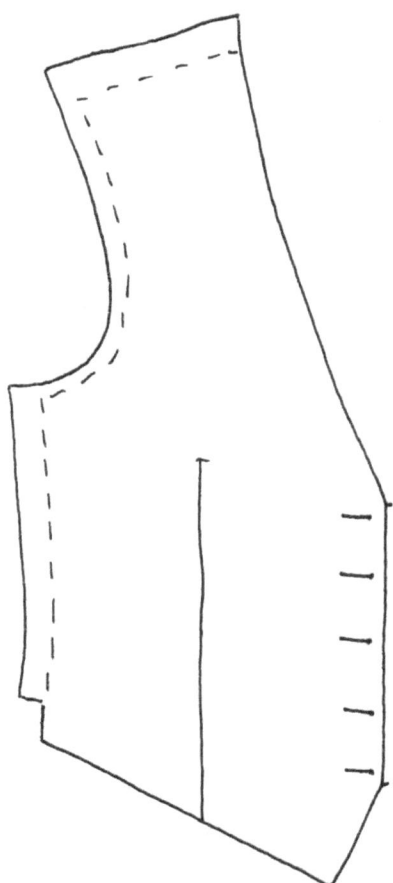

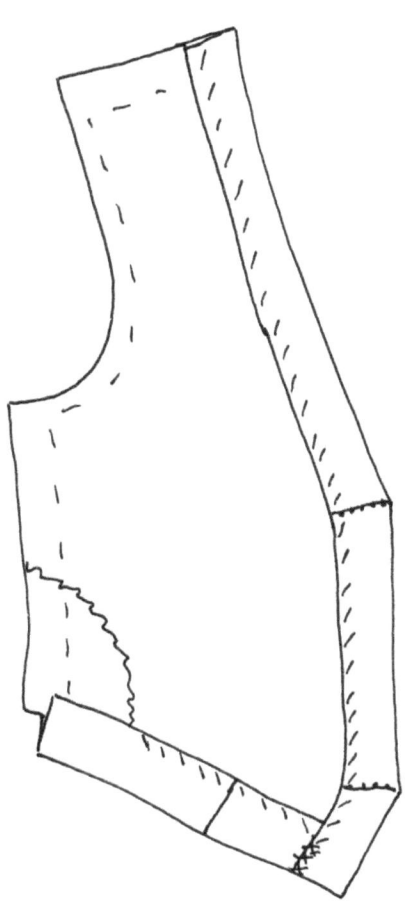

Imagen 288

Cose a máquina con una puntada pequeña alrededor de cada ojal. De esta manera, evitarás que el ojal se deshilache cuando esté abierto.

Fijar el margen inferior delantero

Imagen 286

El borde del margen inferior delantero se debe fijar con puntadas de escapulario. El resto se cierra con puntadas ciegas.

Marcar los ojales

Imagen 287

Marca los ojales en el margen delantero del delantero izquierdo.

Normalmente, por cuestiones estéticas, se suele recurrir a un número impar de botones. En función de tu diseño, la distancia entre los ojales podría variar entre 5,5 y 7 cm.

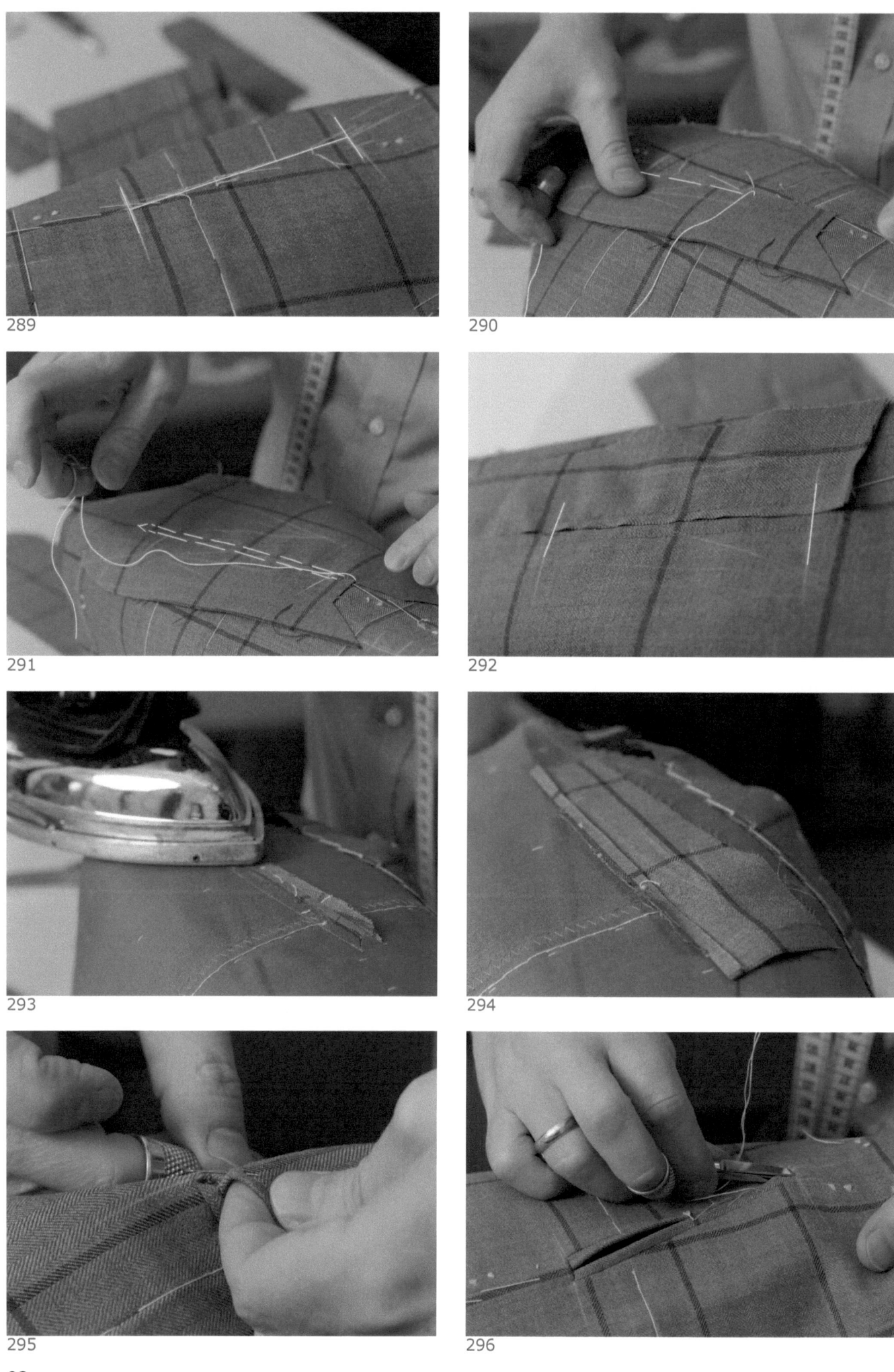

289

290

291

292

293

294

295

296

Marcar la ubicación de los bolsillos

Imagen 289

Debes marcar la posición de los bolsillos en cada delantero, exactamente en el mismo sitio. Si el tejido tiene dibujo, puedes usarlo como guía. Si no, mide de manera precisa.

Imágenes 290/291

Incorpora los vivos de uno en uno (presta atención a la dirección de las fibras del tejido) y transfiere a estos las marcas que determinan los márgenes de la abertura del bolsillo. Si el vivo inferior es lo suficientemente ancho, se puede usar como parte del saco del bolsillo.

Imagen 292

Cose los vivos a un ancho de 0,5 cm. El principio y el final de cada costura deben coincidir exactamente con las marcas. De lo contrario, el bolsillo se verá irregular.

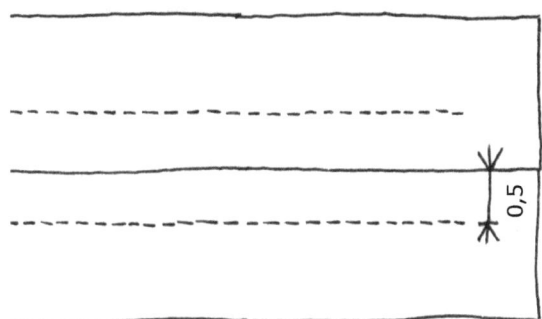

Crear la abertura del bolsillo

Imagen 293

Después de comprobar que las costuras son paralelas y sus extremos están bien rematados, corta con cuidado la abertura del bolsillo. Realiza cortes diagonales en cada extremo (se debe formar una especie de triángulo en cada margen), llegando con la tijera lo más cerca posible de la costura, justo después del final de la última puntada. No debes cortar los márgenes de los vivos; estos serán empujados hacia el interior posteriormente.

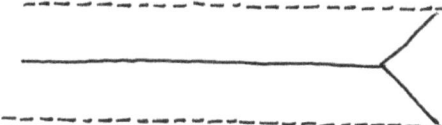

Planchar los vivos

Sujeta el chaleco por la parte inferior, de tal manera que el vivo inferior del bolsillo quede colgando. Después, coloca la prenda con cuidado sobre un cojín de planchado, haciendo que el vivo inferior gire, permitiendo que los márgenes de costura se puedan separar con la plancha. Es importante que procedas con delicadeza, sobre todo al manipular las esquinas. Así, será más fácil coser a mano los vivos más tarde.

Imagen 294

Pasa el vivo superior a través de la abertura hacia el revés de la prenda y plancha con cuidado la costura. Sé delicado al tirar del vivo superior, ya que el inferior se podría mover.

Coser a mano los vivos

Imagen 295

Después de que todo esté correctamente planchado, conforma los vivos. Sus márgenes de costura quedan ocultos dentro de cada pieza.

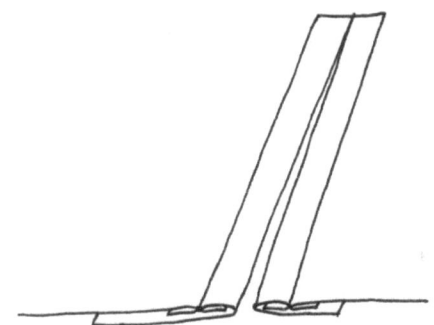

Después, cose cada vivo a mano utilizando una puntada discontinua rápida justo en la sombra de la costura. Dale forma a cada vivo con la mano izquierda asegurándote de que queda paralelo, tanto por sí mismo como en relación al otro vivo. El ancho debe ser de 0,5 cm. Si es más ancho, suele parecer tosco y, si es más estrecho, se ve endeble.

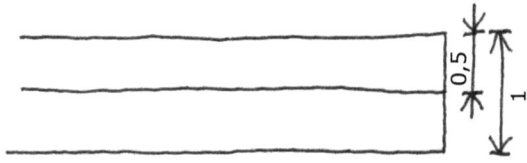

Ocultar los "triángulos" de los márgenes

Imagen 296

Empuja con cuidado los márgenes laterales en forma de "triángulo" hacia el interior.

297

298

299

300

301

Hilvanar la abertura del bolsillo
Imagen 297

Hilvana juntos los vivos del bolsillo, haciendo que coincida el dibujo del tejido al unirlos.

Después, por el revés, sujeta los laterales del bolsillo con la máquina de coser. Debes tener especial cuidado en esta parte, ya que, de lo contrario, los lados podrían deshilacharse con el paso del tiempo. Para esta operación, empieza insertando la aguja justo en una de las esquinas del "triángulo". Realiza una costura en dirección al extremo opuesto y remata varias veces usando la función de retroceso de la máquina.

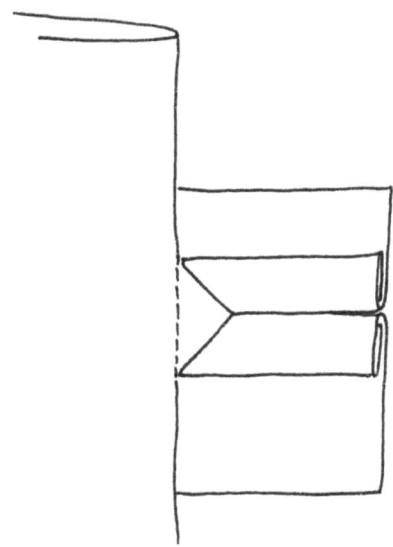

Ahora, para aumentar la resistencia del bolsillo, sujeta con una costura el vivo inferior desde el revés. Gira el vivo inferior hacia la derecha y el resto del chaleco hacia la izquierda. La costura que realices solo debe sujetar el vivo (cosido anteriormente a mano). Es decir, el tejido exterior debe permanecer intacto.

Incorporar la vista del bolsillo
Imagen 298

Une la vista del bolsillo con un hilván. Si el tejido tiene dibujo, las vistas de cada bolsillo deben mostrar la misma sección del mismo.

Imagen 299

Recorta la vista del bolsillo de tal manera que exista una distancia de unos 2,5 cm desde el margen inferior de esta pieza hasta el bajo de la prenda.

Imagen 300

A continuación, cierra el saco del bolsillo cosiendo alrededor. Esta operación también sujetará el vivo superior.

Reducir el grosor de los vivos
Reduce el grosor de cada vivo en cada uno de sus márgenes laterales, recortando dos de las tres capas de tejido. De este modo, se reduce el riesgo de que los márgenes se marquen por el derecho de la prenda.

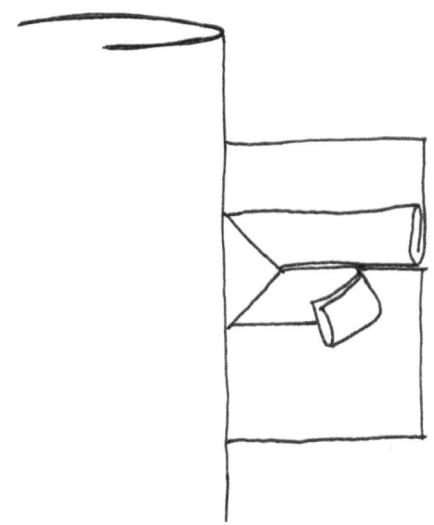

Eliminar los restos de tiza
Imagen 301

Finalmente, cepilla las marcas de tiza y cierra el bolsillo con un hilván realizado justo en la sombra de la costura del vivo inferior.

Instrucciones en vídeo para el bolsillo de dos vivos
Consulta en el siguiente enlace el vídeo "bolsillo de dos vivos con solapa" de la sección de los vídeos de la chaqueta para saber más acerca de la confección de estos bolsillos.

Enlace a los vídeos de la chaqueta

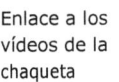

https://www.becomeatailor.com/videos-jacket

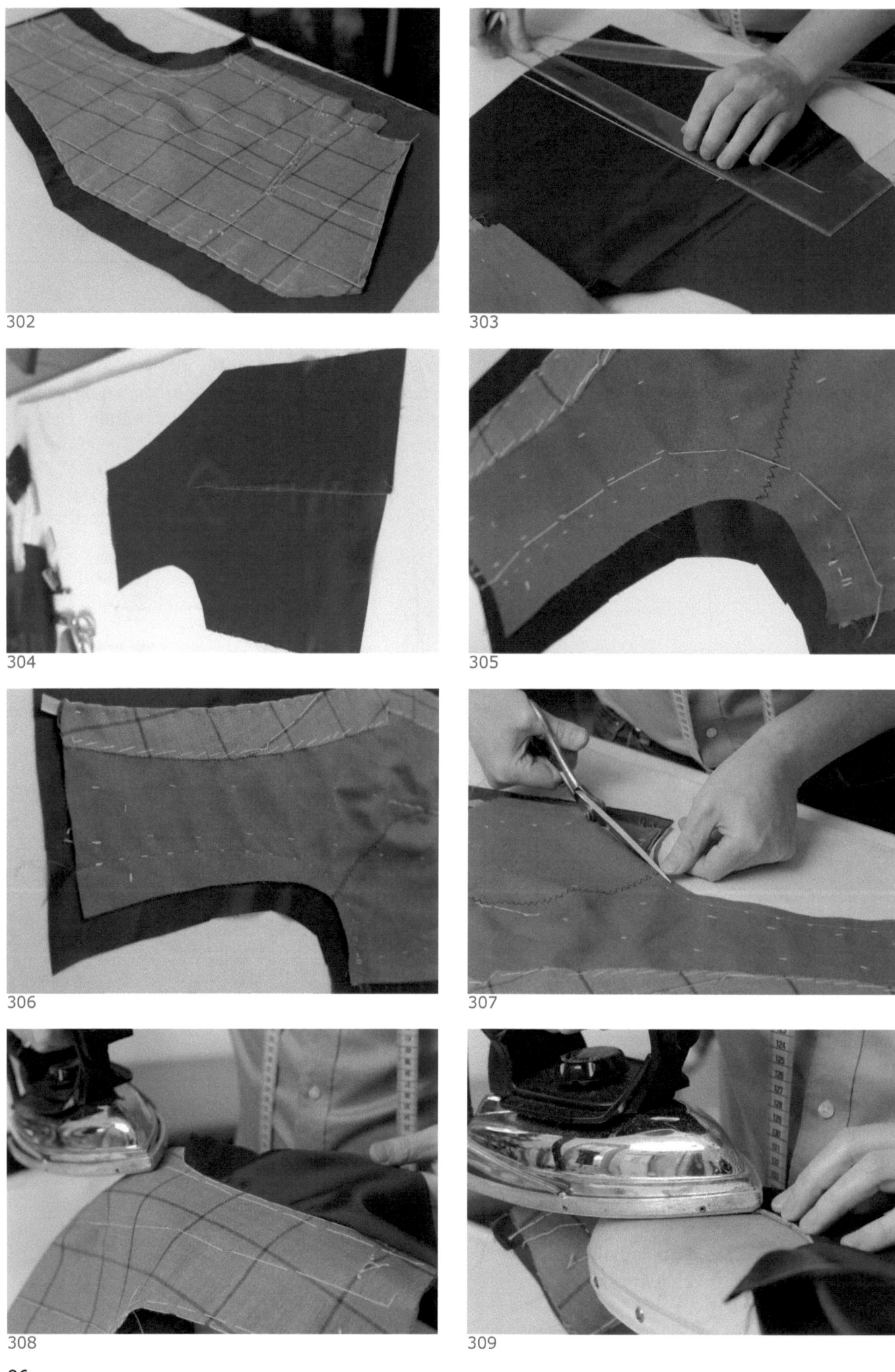

302

303

304

305

306

307

308

309

Corte del forro delantero

Imagen 302

Coloca el delantero sobre una pieza de tejido de forro. Recorta la silueta del patrón dejando márgenes amplios. Después, marca la posición de la pinza.

Redibujar la pinza

Imagen 303

Transfiere la pinza al otro forro delantero.

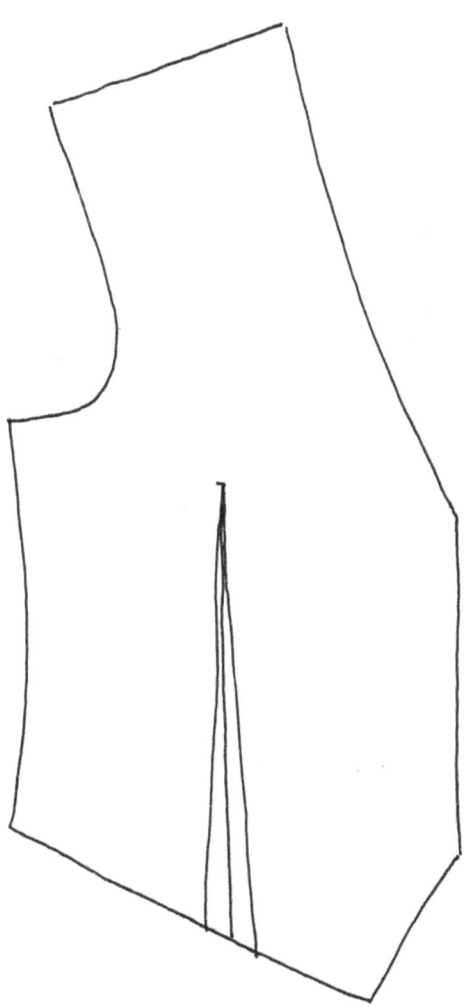

Coser las pinzas

Imagen 304

Cose las pinzas y plánchalas cargándolas hacia el centro delantero.

Coser la sisa delantera

Imagen 305

Junta el delantero con su pieza de forro encarando los derechos. Las pinzas deben caer en la misma posición. Después, conecta ambas piezas por la sisa a través de un hilván o mediante alfileres.

Imagen 306

Cose la sisa a máquina por el lado externo de las marcas, justo detrás de las puntadas del hilván.

Planchar la sisa

Imagen 307

Recorta el margen de costura en paralelo a la misma. Si es necesario, puedes realizar cortes en el borde para evitar tensiones en la curva de la sisa.

Imagen 308

Sobre un cojín de planchado (si es posible, sobre uno específico para hombros), desdobla el forro por la costura realizada en el paso anterior y plánchala.

Imagen 309

Después, plancha la sisa haciendo que el borde del forro quede desplazado unos 2 mm hacia el interior para evitar que asome al ver la prenda por el derecho. Además, esto permite que haya suficiente espacio para realizar una puntada discontinua rápida en el margen de la sisa. En este momento, puedes retirar todos los hilvanes de la sisa.

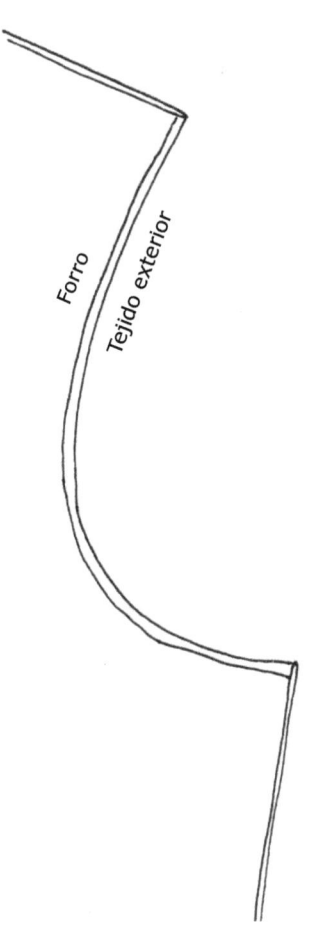

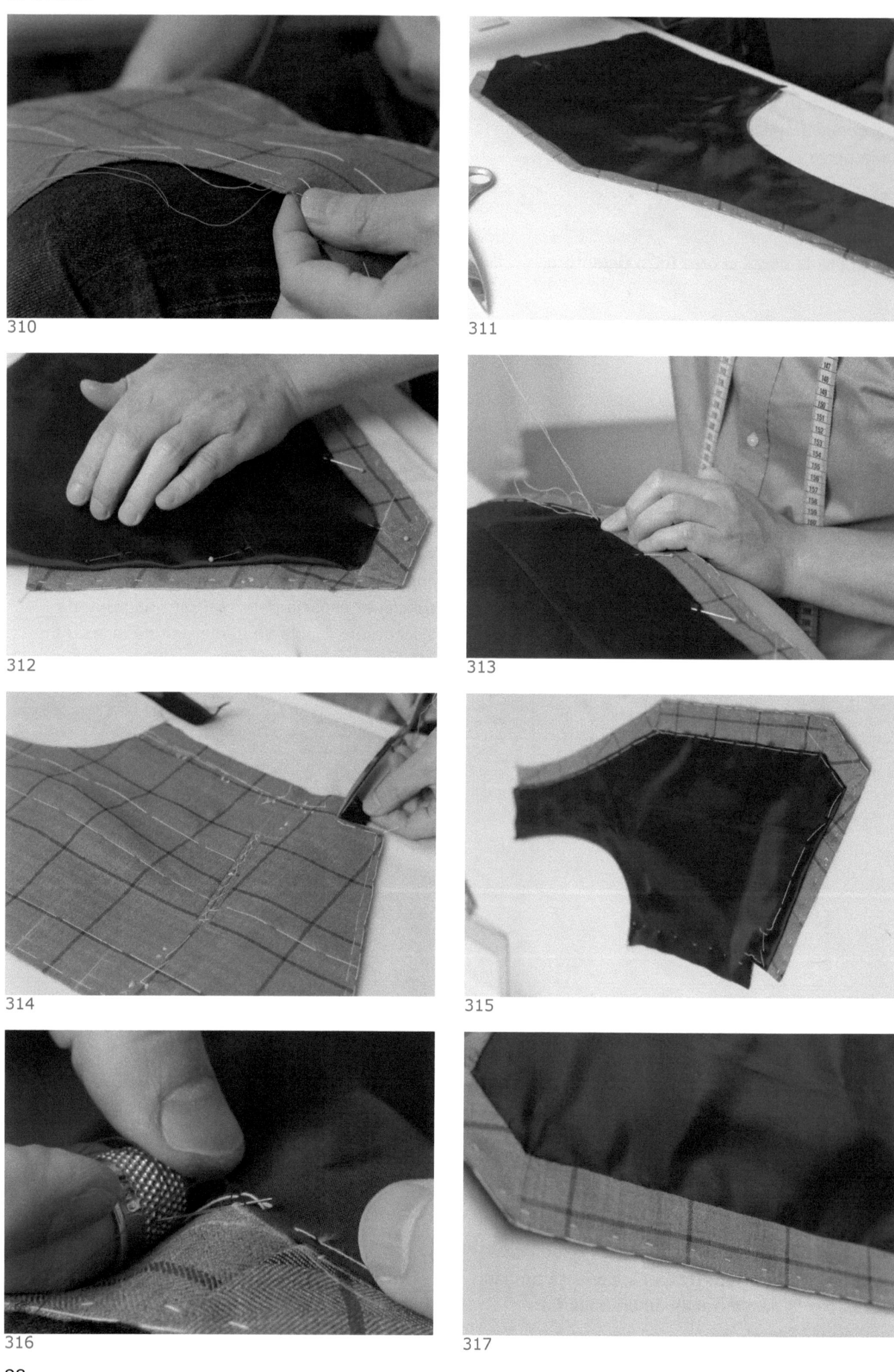

310

311

312

313

314

315

316

317

Puntada discontinua rápida en la sisa

Imagen 310

Realiza una puntada discontinua rápida en el margen de la sisa (consulta la página 11). Luego, traza con tiza la línea que definirá los límites del forro delantero en la vista del escote, el centro delantero y el margen inferior. Esta línea debe ir en paralelo al borde de estas zonas de la prenda a una distancia de unos 3,5 - 4 cm.

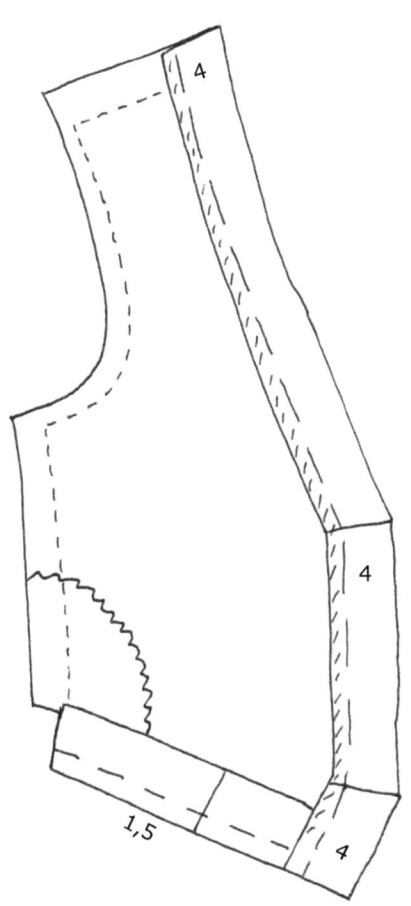

Imagen 311

Las pinzas del forro y el delantero se deben colocar y sujetar una encima de la otra con un hilván o alfileres. Puedes recortar un poco el forro.

Sujetar el forro con puntadas invisibles

Imagen 312

Sujeta el forro con alfileres a la línea marcada con tiza dejando cierta holgura (unos 5 mm). En el bajo, el margen del forro debe quedar a una altura de unos 1,5 cm desde el margen del tejido principal. El forro en esta zona debe incluir un pliegue para evitar tensiones.

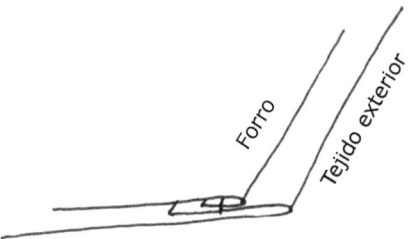

Imagen 313

Después, pasa un hilván por el forro para asegurar la pieza y garantizar que los márgenes del mismo quedan paralelos y bien definidos.

Imagen 314

Si el forro tiene aberturas en los costados, debes realizar un corte en el lugar indicado.

Imagen 315

Los forros de ambos delanteros deben verse exactamente iguales por el interior. En este punto, en la zona de la abertura lateral, dobla el forro hacia el interior y realiza un hilván. Hilvana también la costura del costado desde la parte superior, justo detrás de la costura.

Imágenes 316/317

Por último, cose delicadamente el forro con puntadas ciegas. Ten en cuenta que estas puntadas no deben verse por el derecho del tejido.

El chaleco

318

319

320

321

322

323

324

325

Coser el forro de la espalda

Imagen 318

Vuelve a marcar el primer forro de la espalda que se utilizó en la primera prueba. Después, corta el segundo forro de la misma manera. Cose las pinzas y la costura central.

A continuación, junta las espaldas encarando los derechos. Para sujetarlas, agarra todas las costuras con alfileres, asegurándote de que las pinzas están alineadas. Las costuras de los hombros y los costados deben medir lo mismo que en los delanteros. Aquí, el forro debe tener cierta holgura (unos 5 mm).

El cinturón trasero

Si lo deseas, puedes incorporar un cinturón en la espalda del chaleco a la altura de la cintura.

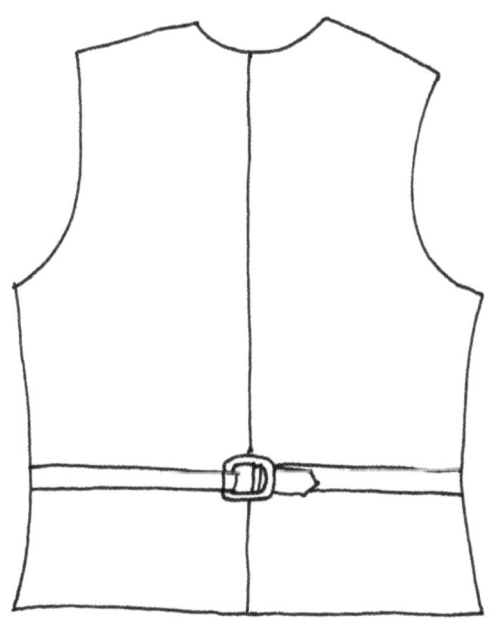

El bajo del centro de la espalda

La parte inferior de la costura del centro de la espalda puede terminar en una abertura con forma de "V".

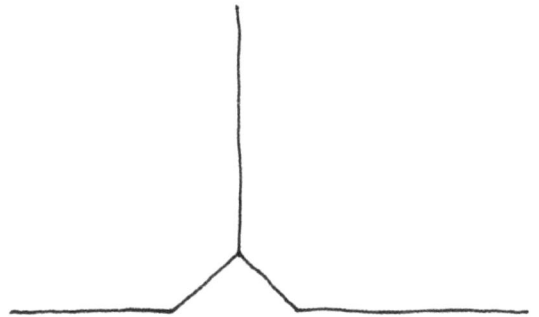

Reforzar el escote

Imagen 319

Al coser el escote, incorpora una pieza recta de tejido de forro por debajo del mismo en el centro de la espalda. Esto refuerza la costura trasera y evita que la zona se pueda desgarrar. Después, cose la sisa y el bajo. Corta los márgenes de costura del escote y las sisas reduciéndolos a 1 cm de ancho. En el caso del bajo, puedes dejar unos 4 cm de margen de costura.

Imagen 320

Primero, dobla el margen de costura hacia un lado y plánchalo.

Imagen 321

Después de eso, podrás planchar más fácilmente todo el borde.

Imagen 322

Marca el recorrido de las costuras del costado y el hombro con tiza sublimable (las marcas de tiza o jaboncillo son difíciles de eliminar de los tejidos de forro).

Cerrar el costado con puntadas ciegas

Imágenes 323/324

Ahora, sitúa la costura del costado de la espalda sobre la costura del costado del delantero y sujétala con alfileres. El recorrido tiene que ser paralelo y debería existir cierta holgura en el forro (unos 5 mm).

Imagen 325

Después, realiza la misma operación en la costura del costado interna.

326

327

328

329

330

331

332

333

Hilvanar el forro trasero

Imagen 326

Hilvana el forro trasero por los costados y las costuras de los hombros.

Imagen 327

Después, cose con puntadas ciegas el exterior y el interior del forro respetando bien el recorrido de la costura. Puedes realizar una presilla al inicio de la abertura del costado para reforzar la zona y evitar desgarros.

Puntada discontinua en los márgenes

Imagen 328

El bajo y todo el margen delantero (incluyendo el escote y la parte inferior) se cosen a mano con puntadas discontinuas rápidas. Aunque esta versión de la puntada se caracteriza por ser ejecutada de una manera más fluida, debes realizarla con cuidado para que sea prácticamente imperceptible por el interior.

Imágenes 329/330

La otra variante de esta puntada requiere mayor cuidado y más tiempo, aunque la diferencia con respecto al método anterior es difícilmente apreciable (consulta los diferentes tipos de puntada en la página 11).

Construcción de los ojales

Imagen 331

Utiliza un sacabocados o una perforadora para taladrar el "ojo" del ojal. Puedes alargar la vida de estas herramientas si colocas un trozo de cuero por debajo a la hora de perforar.
La distancia entre el "ojo" y el borde delantero debería ser de unos 1,5 cm, siendo esta la misma medida para todos los ojales. Así mismo, la distancia entre cada ojal se debe comprobar todo el tiempo antes de perforar.

Imagen 332

Con cuidado, abre los ojales realizando cortes perfectamente paralelos y de una longitud de unos 1,7 cm (incluyendo el "ojo"). El ojal debe medir 2 mm más que el diámetro del botón.

Imagen 333

Ahora, realiza la confección de los ojales como se detalla en la página 51.

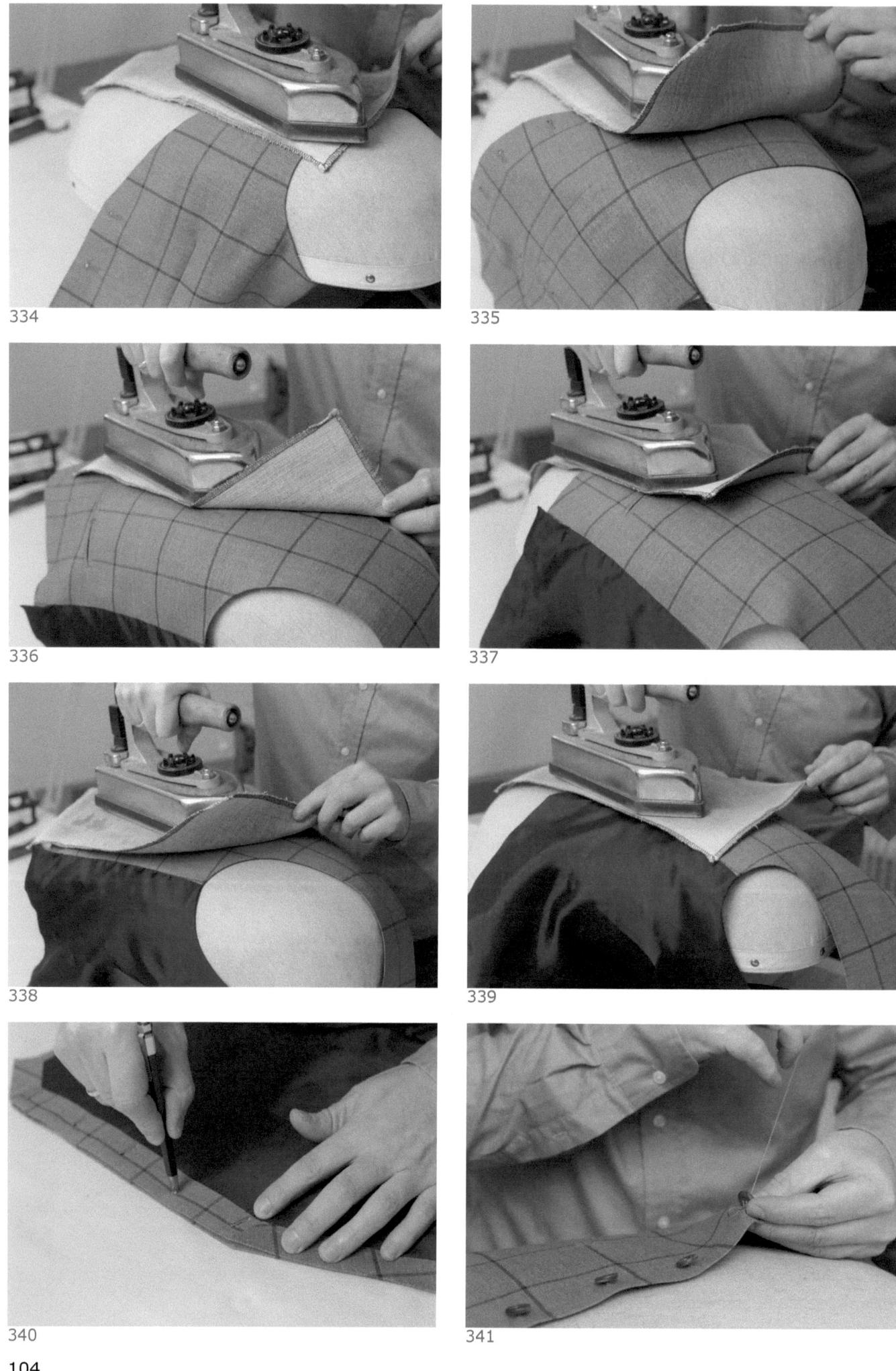

334

335

336

337

338

339

340

341

Planchado del chaleco

El chaleco se plancha por partes sobre un cojín de planchado para torsos, utilizando una plancha pesada (plancha seca) y una tela para planchar. Esta última se debe humedecer con un cepillo para ropa o un pulverizador para que, al posicionar la plancha sobre ella, el tejido se alise por efecto del vapor generado y la presión aplicada, al mismo tiempo que la prenda queda protegida del contacto directo con la base de la plancha y se evita la aparición de brillos. Siempre debes colocar el chaleco sobre el cojín de tal manera que se respeten los volúmenes y formas naturales de la prenda.

Imagen 334

Para empezar, plancha con cuidado la costura del hombro y la parte superior de la sisa.

Imagen 335

Después, desplázate hacia el escote y la parte inferior de la sisa.

Imagen 336

A continuación, plancha el margen del delantero con ojales.

Imagen 337

Tras ello, plancha el bolsillo y el margen inferior delantero.

Imagen 338

Plancha la pinza.

Imagen 339

Después, plancha el costado. Para concluir, plancha el interior y el exterior de la espalda colocando algún retal del tejido de forro entre la plancha y la prenda. En este caso, no humedezcas las piezas y aplica poca presión para conseguir buenos resultados.

Enfriar el chaleco

Es importante que dejes enfriar el chaleco sobre un maniquí para evitar que se formen arrugas. Además, la prenda mantendrá su forma y se verá perfecta cuando el usuario se la ponga.

Marcar la posición de los botones

Imagen 340

Coloca el delantero con los ojales sobre el delantero en el que irán los botones, es decir, como si el chaleco estuviera cerrado en su posición natural. Tras alinear correctamente los centros delanteros, marca la posición de los botones usando una tiza o alfileres.

Coser los botones

Imagen 341

Como útimo paso, cose los botones del chaleco utilizando el hilo de seda encerado empleado para la realización de los ojales. Estos botones deben coserse dejando un tallo corto. El hilo se debe pasar por una vela de cera de abeja, colocarlo entre un trozo doblado de papel secante y, finalmente, plancharlo para garantizar que no haya demasiada cera atrapada en la superficie del mismo. Al coser, la cera que envuelve al hilo ejerce fricción, lo que evita que el botón se descosa fácilmente. Mientras coses los botones, procura manipular el chaleco con delicadeza y extenderlo bien sobre una superficie plana para no tener que volver a plancharlo de nuevo.

¡Ten cuidado al trabajar con cera de abeja! Es prácticamente imposible eliminar las manchas de este material si caen sobre tejidos de forro o sedas.

Bolsillo inclinado o francés

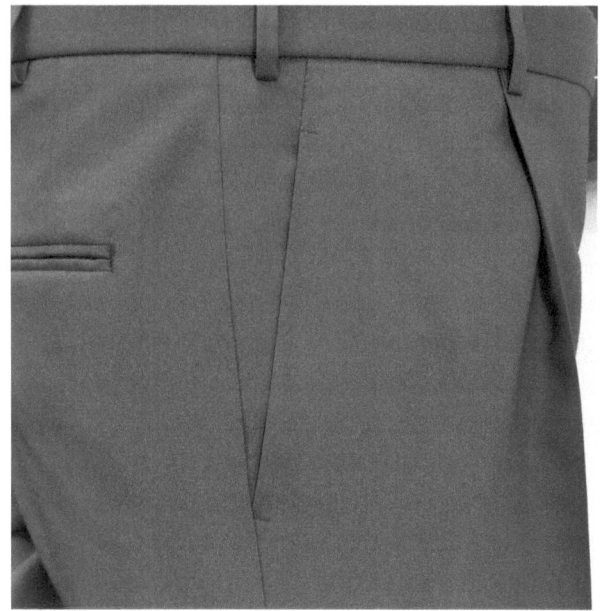

342

Bragueta con cremallera

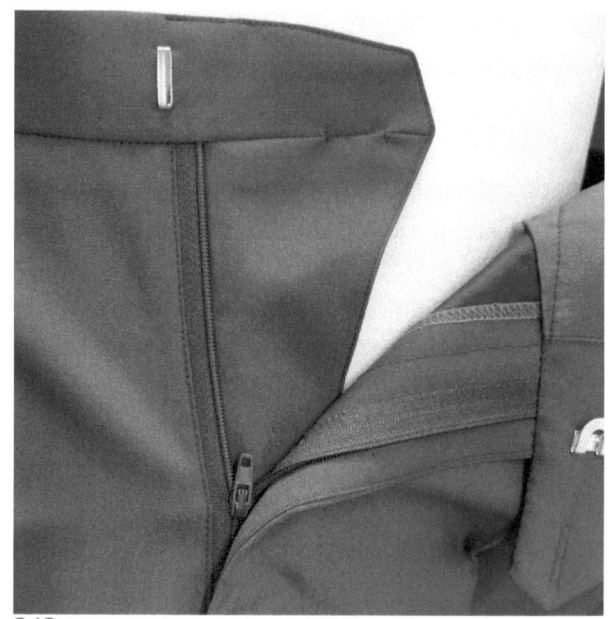

343

Bajo con vuelta hacia el exterior

344

Bolsillo de un vivo

345

Enlace a vídeos
del montaje del
pantalón

https://www.becomeatailor.com/videos-trousers/

Enlace a vídeos
del montaje del
chaleco

https://www.becomeatailor.com/videos-waistcoat/

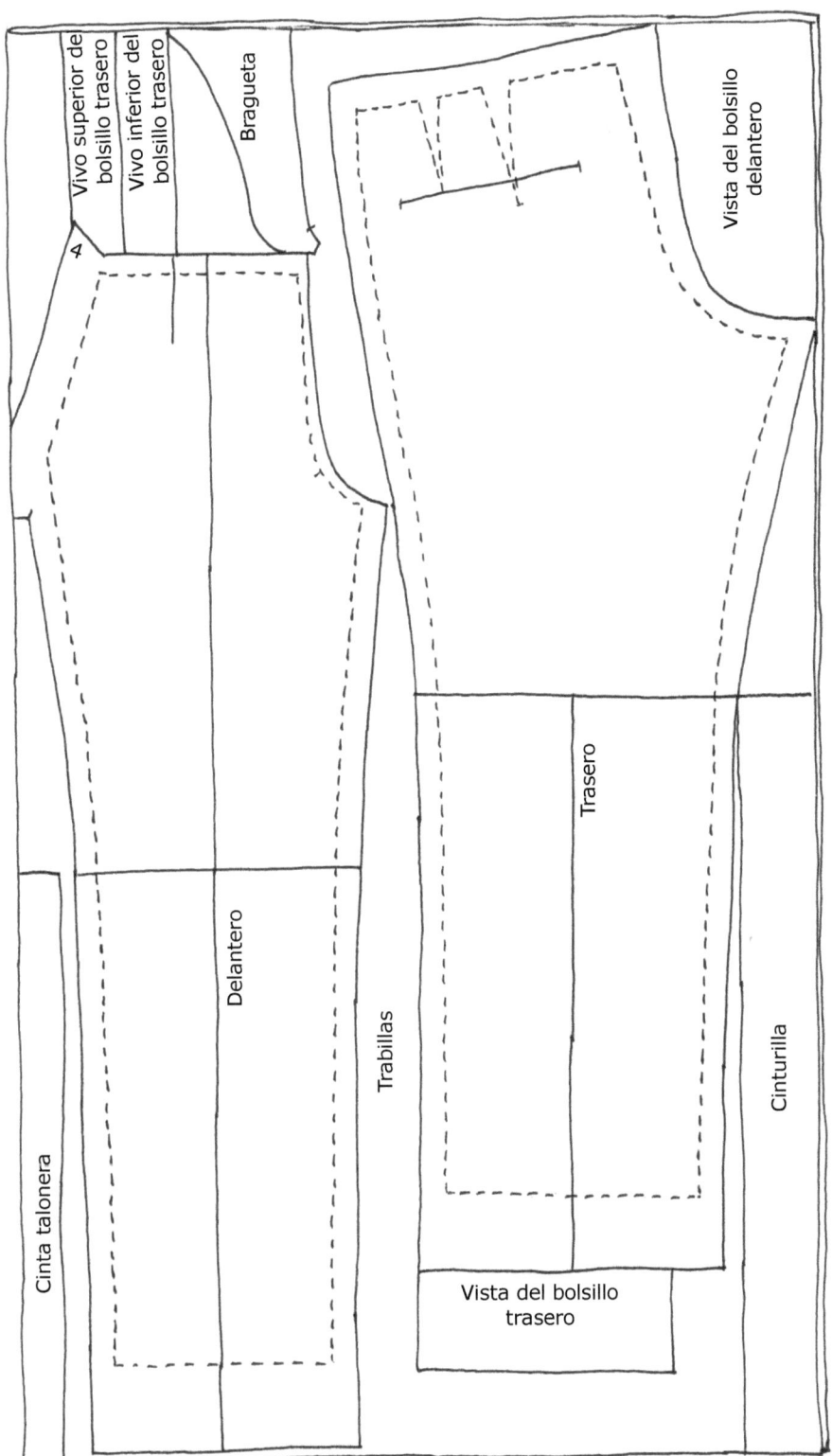

Corte del pantalón con bolsillo francés

Si eliges este bolsillo para tu diseño, debes cortar las piezas sobre el tejido con la adaptación previamente realizada en el patrón del delantero. También podrías plantear la abertura del bolsillo simplemente cortando la pieza de tejido por dicha zona en un delantero no adaptado, pero no obtendrías buenos resultados. Al cortar, presta atención siempre a la dirección de las fibras y al hilo del tejido (consulta la página 33).

Medidas para el forro de la cinturilla y los fondos de bolsillo

Fondo del bolsillo trasero: 45 cm x 20 cm.
Forro de la cinturilla:
(1/2 contorno cinturilla *CI2* + 10 cm) x 11,5 cm.
Forro de la extensión de la bragueta: 30 cm x 15 cm.
El fondo del bolsillo francés es igual que para el bolsillo de dos vivos (foto 139, pág. 52). Para la entretela de crin de caballo consulta la pág. 33.

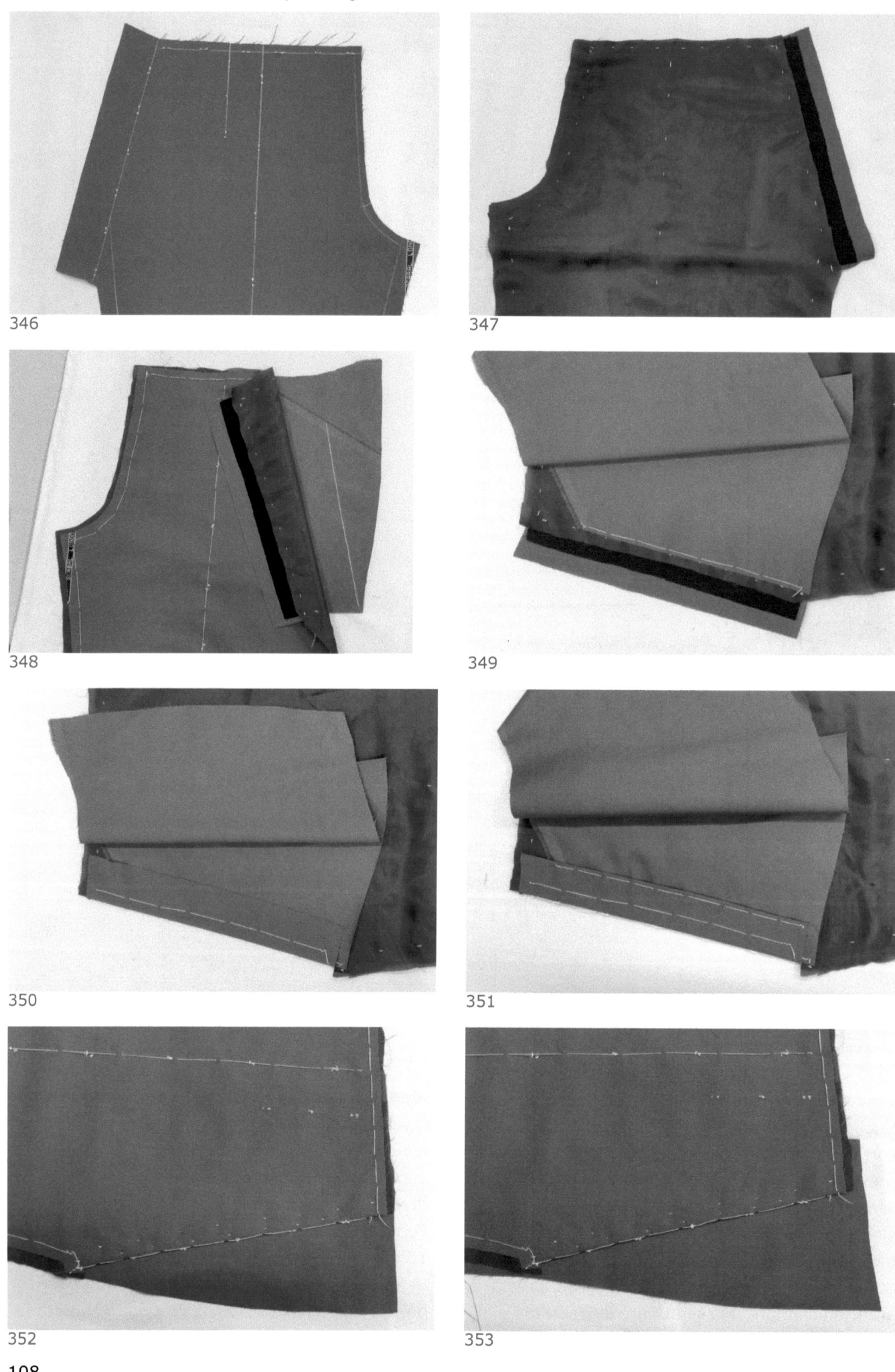

346

347

348

349

350

351

352

353

Aplicación de hilos flojos en el delantero con bolsillo francés

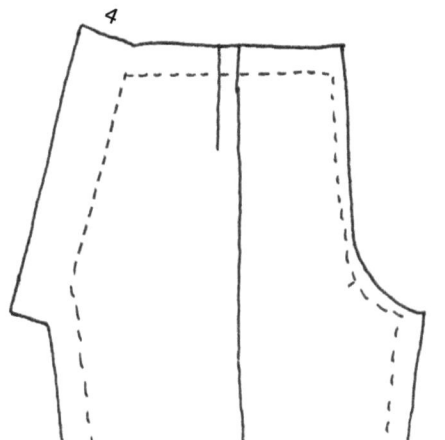

Imagen 346

Realiza la técnica de los hilos flojos en la parte de la cinturilla, la línea de quiebre del delantero, la línea del pliegue y la abertura del bolsillo. Luego, aplica una tira recta de entretela termoadhesiva o de tejido de forro por el revés del delantero en el borde de la abertura del bolsillo para evitar deformaciones.

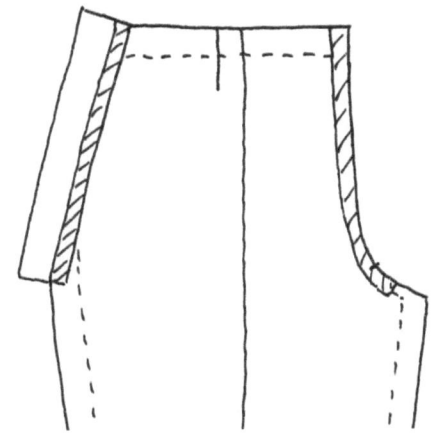

Imagen 347

Aunque el forro ya estaría colocado, los márgenes del delantero se rematarán después de haber completado el bolsillo (ver página 36).

Colocar el fondo de bolsillo

Imagen 348

Corta el fondo del bolsillo como se indica en la página 52 (imágenes 139 y 140). Después, colócalo debajo del delantero en su posición correcta. En el margen inferior, el fondo debe ser 1 cm más largo por el costado y alcanzar, al menos, el margen superior de la línea de la cintura. Transfiere la inclinación de la abertura del bolsillo al fondo del mismo. El lado de esta pieza con el corte al bies mira hacia arriba. Procura que nada se mueva durante el proceso.

En la marca, recorta el fondo del bolsillo solo por la cara superior.

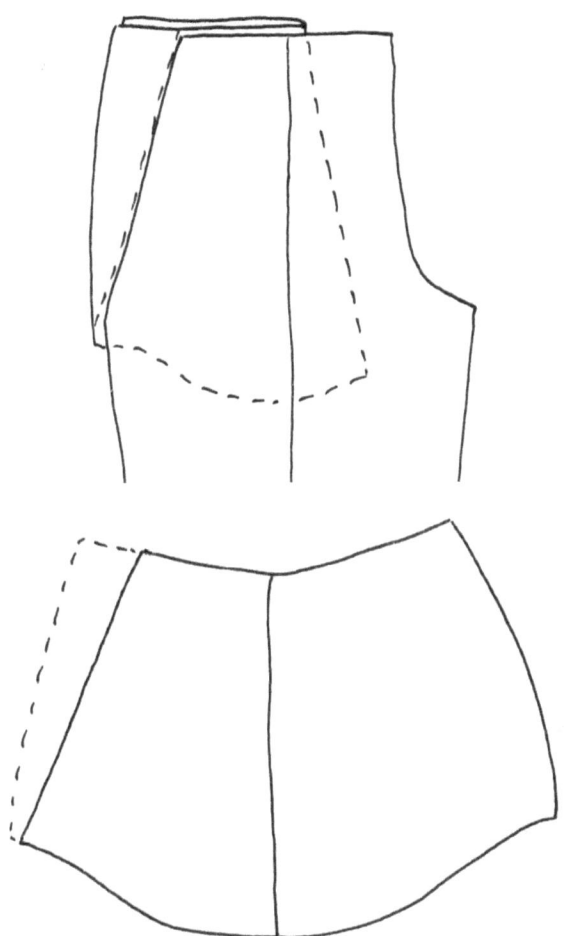

Imagen 349

Ahora, coloca el margen que acabas de recortar en la pieza del fondo del bolsillo justo encima del margen de la abertura del bolsillo e hilvana.

Imagen 350

Gira hacia el interior y plancha el margen de costura (la vista) de la abertura del bolsillo. Después, pasa un hilván para sujetar la vista, el saco del bolsillo y el delantero.

Imagen 351

Remata el canto de la vista de la abertura con la remalladora o dóblalo hacia el interior y sujétalo con un hilván al saco del bolsillo. Puedes deslizar una pieza de cartón entre el saco del bolsillo y el forro de la pernera para facilitar la tarea.

La vista del fondo del bolsillo

Imágenes 352/353

Coloca la vista del fondo del bolsillo sobre el otro lado del mismo. Esta pieza debe estar cortada en la misma dirección que la pernera delantera, y si el tejido tiene dibujo, mantener la continuidad.

354

355

356

357

358

359

360

La vista del bolsillo

Imagen 354

Sujeta con un hilván la vista al fondo del bolsillo evitando que se salga de su posición. A continuación, recorta unos 0,75 cm de la parte inferior de la vista para reducir grosores.

Imagen 355

Realiza un pespunte a mano a 0,75 cm del borde de la abertura del bolsillo o pasa una costura a máquina.

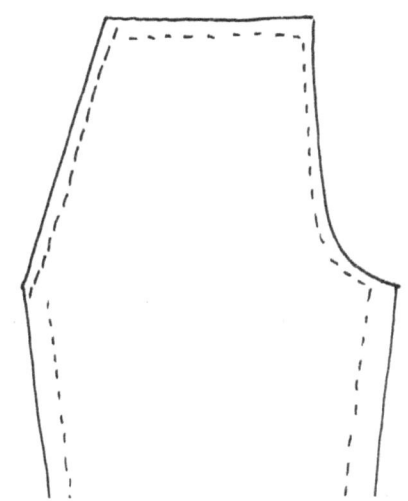

Imagen 356

Coser la vista

Con la máquina de coser, sujeta las vistas del fondo del bolsillo y de la abertura del mismo.

Cerrar el saco del bolsillo

Imagen 357

Dobla el saco del bolsillo encarando los derechos y pasa una costura por el margen inferior. Después, vuelve el saco del derecho y procura sacar bien la punta de la parte inferior con un punzón o con el moldeador de esquinas. Puedes aplanar el margen de costura con los dedos.

Imagen 358

La vista y todos los márgenes de costura dentro del saco del bolsillo deberían quedar lisos y dispuestos de manera ordenada. Tras comprobarlo, pasa un pespunte con la máquina de coser a 0,75 cm del margen inferior del saco. Debes tener cuidado para garantizar que la vista no se desplaza, quedando de modo preciso en el borde.

Sujetar la abertura del bolsillo

Imagen 359

Hilvana con cuidado la abertura del bolsillo y marca el espacio real por el que se podrá meter la mano. En el caso de que el tejido tenga dibujo, es crucial que este case perfectamente en esta zona. La longitud del espacio útil de la abertura debería ser de unos 16 cm. El margen de la abertura puede ser fijado tanto con la máquina de coser como a mano.

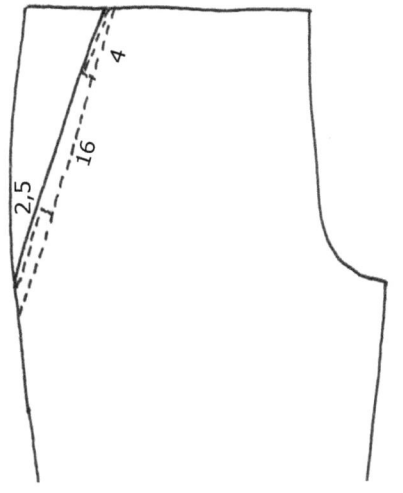

Redibujar la costura de costado

Después, redibuja la costura del costado usando una regla curvada, colocando el patrón de papel encima y transfiriendo las líneas o, simplemente, a mano alzada.

Tras ello, la vista y el saco del bolsillo se deben sujetar juntos con un hilván por el costado para evitar que alguna de las piezas se mueva de su ubicación a la hora de rematar el lateral del patrón con la remalladora.

Remallar la pernera

Imagen 360

Utiliza la remalladora para rematar la costura del costado, la braqueta y la costura de la entrepierna del delantero. En el caso del trasero, remalla solo las costuras del costado y el tiro. También puedes rematar los márgenes con puntadas en zig-zag.

Para la confección de los bolsillos traseros, consulta la página 38.

Al remallar las perneras del pantalón, recuerda también hacerlo en el borde trasero de la vista de la braqueta.

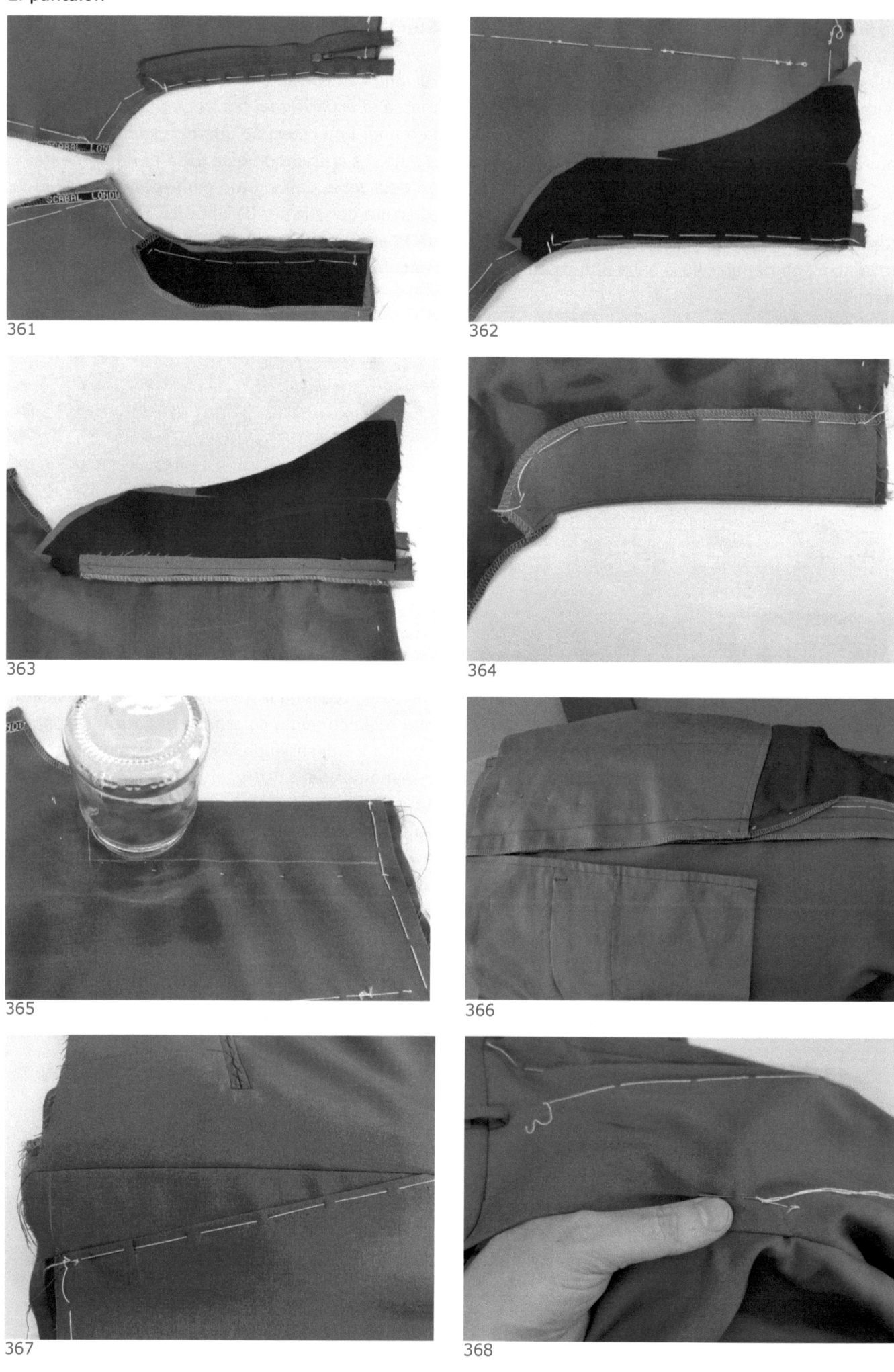

361

362

363

364

365

366

367

368

La braqueta derecha

Imagen 361

En primer lugar, asegúrate de planchar ligeramente la cremallera y comprobar que funciona bien. Tras ello, sujétala con alfileres al margen de la braqueta dejando una mínima holgura.

Imagen 362

Luego, coloca la extensión de la braqueta previamente reforzada sobre la cremallera, hilvánala dejando una mínima holgura (solo unos milímetros) y marca el final de la costura.

Imagen 363

Después, cose el extremo inferior rematando bien la costura y plancha abriendo los márgenes.

La braqueta izquierda

Imagen 364

Une la vista previamente reforzada al delantero izquierdo y marca el final de la costura. Después de coser, realiza un corte en el margen de costura en el extremo inferior, desdobla la vista y cose al canto.

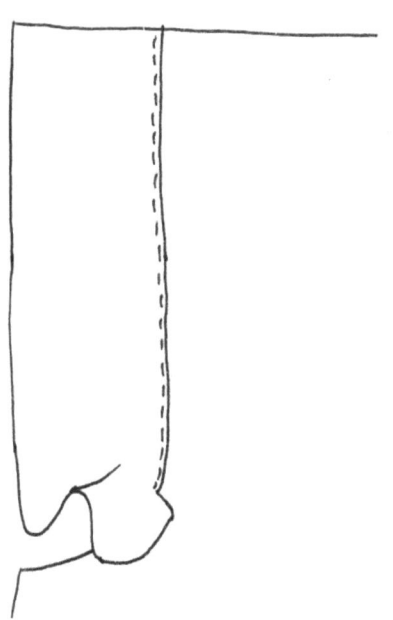

Después, gira la vista, plánchala e hilvana.

Imagen 365

Traza el recorrido de la costura que sujetará la vista a un ancho de 3,5 - 4 cm, realizando una buena curva en la parte inferior. Luego, puedes realizar esta costura a máquina o a mano con una puntada discontinua.

Cerrar la costura del costado

Coloca el trasero sobre el delantero y sujeta las piezas con alfileres. En caso de que el tejido tenga dibujo, este debe coincidir a lo largo de todo el recorrido. Después, cose a máquina las piezas dejando un margen de 2 cm (o el ancho que hayas contemplado al cortar). Evita que los patrones se deslicen al coser (ver la página 60).

Imagen 366

Comprueba que la costura tiene un recorrido adecuado y que el dibujo del tejido, en el caso de existir, casa perfectamente entre las perneras delantera y trasera. Luego, plancha abriendo los márgenes de costura. La zona de la cadera, dada su curvatura, debería plancharse sobre un cojín de planchado adecuado que respete el volumen de la misma. En este tramo, los márgenes de costura deben ir cargados hacia el trasero.

Imagen 367

Plancha la costura por el derecho del tejido y sigue las instrucciones de las páginas 60 - 72.

La extensión de la braqueta

La confección de esta pieza con la cremallera es similar a aquella en la que se incluyen botones (consulta la pág. 66 a partir de la imagen 200).

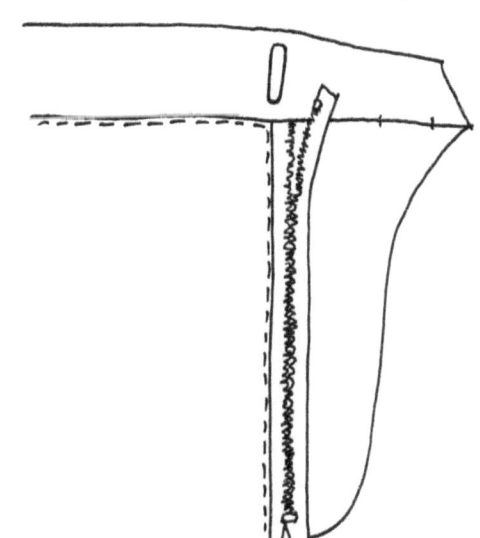

Incorporar la cremallera

Imagen 368

Tras coser el centro trasero, cierra la braqueta de tal manera que queden ocultas tanto la cremallera como la costura. Después, por el derecho, sujeta la cremallera con un hilván a la braqueta del delantero izquierdo.

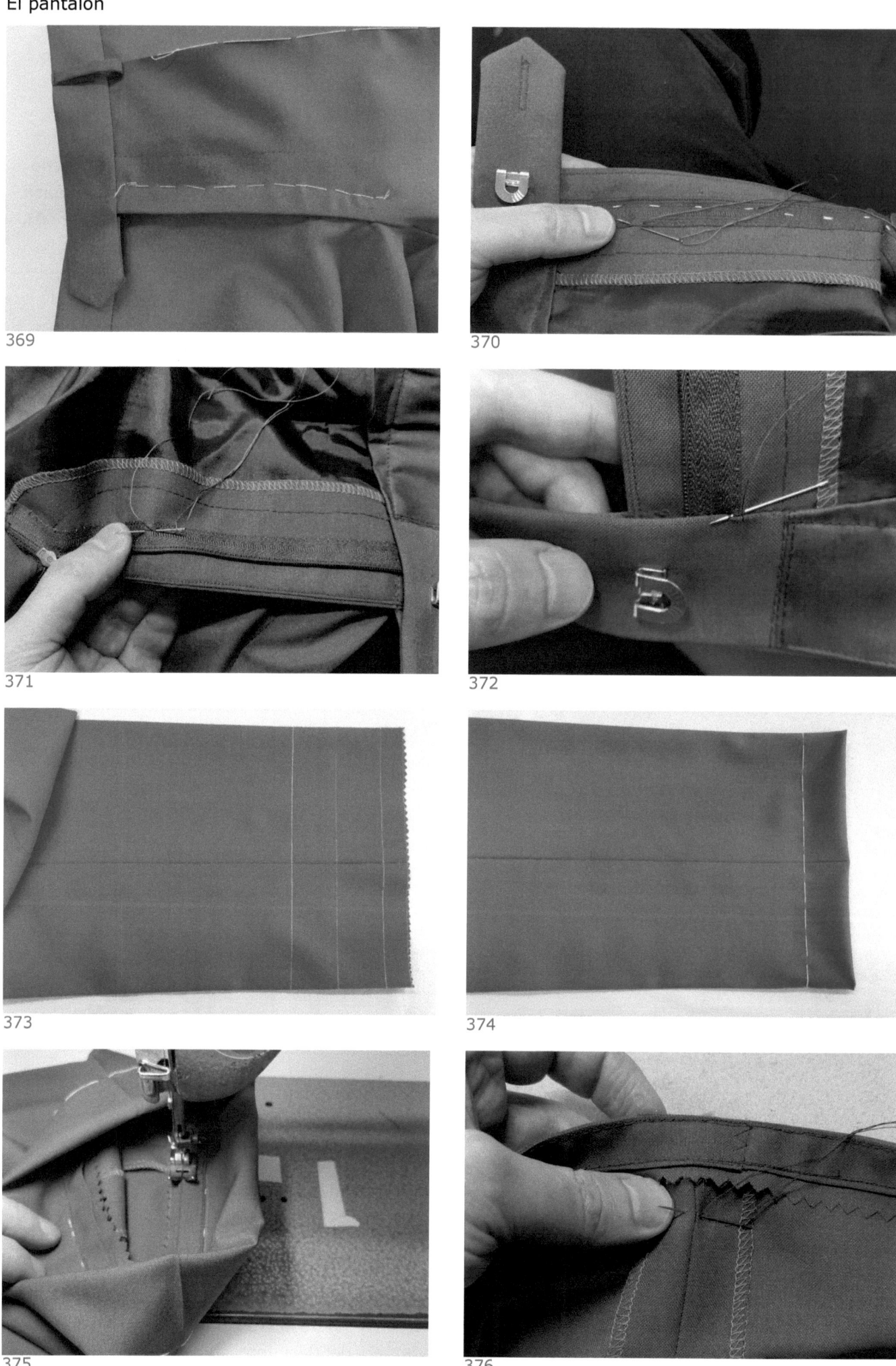

369

370

371

372

373

374

375

376

Imagen 369

La cremallera no debe quedar muy tensa. Por el contrario, debería tener algo de holgura (solo unos pocos milímetros). Introduce el final de la cremallera dentro del segmento abierto de la parte interna de la cinturilla (imagen 371).

Imagen 370

Cose la cremallera a mano de arriba abajo con puntadas ciegas hechas con el hilo de los ojales.

Imagen 371

Fija la cremallera con dos costuras. Al dirigirte hacia abajo, realiza una costura de puntada discontinua a unos 0,5 cm del borde.

Imagen 372

Cierra la pequeña abertura de la parte interna de la cinturilla con el hilo de los ojales realizando puntadas ciegas.

El bajo con vuelta

Imagen 373

Desde la altura del bajo acabado, marca dos veces el ancho de la vuelta, dejando unos 2 cm de margen extra. Después, ajusta el largo de la pernera cortando con tijeras de corte en zig-zag.

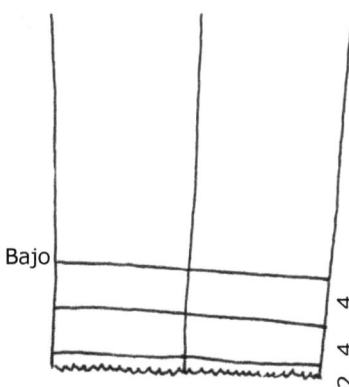

Imagen 374

Gira hacia dentro el margen de costura y, en paralelo, hilvana alrededor del bajo. Las líneas de tiza deben coincidir.

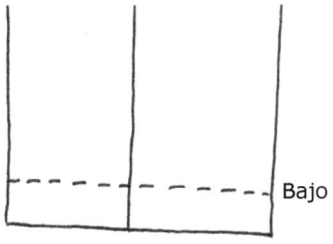

Aplicación de la cinta talonera

De los 3 cm de ancho que mide la cinta talonera, dobla 0,75 cm de cada lado y pasa un pespunte al canto con la máquina de coser.

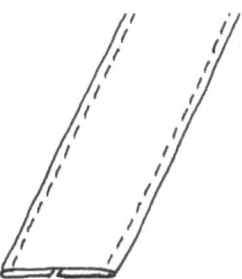

También puedes usar una cinta talonera prefabricada, aunque podría ser difícil encontrar modelos que casen perfectamente con el color del pantalón. Además, estas cintas suelen ser algo rígidas.

Imagen 375

Cose la cinta talonera encima de la línea marcada con tiza. En este caso, como el pantalón lleva vuelta, no es necesario volver la pernera del revés previamente para incorporar la cinta.

Imagen 376

Retira todo el hilo del hilvanado. Finalmente, realiza la vuelta definitiva del bajo del pantalón hacia el derecho del tejido, plancha la zona y sujeta dicha vuelta a los márgenes de la costura de la entrepierna y el costado con puntadas a mano realizadas por el interior.

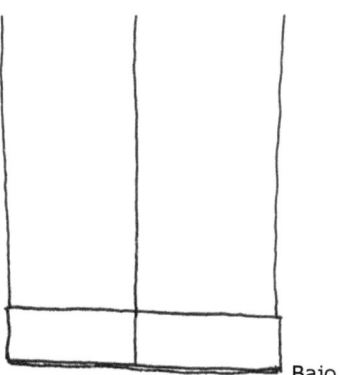

Bolsillo de un vivo en el chaleco

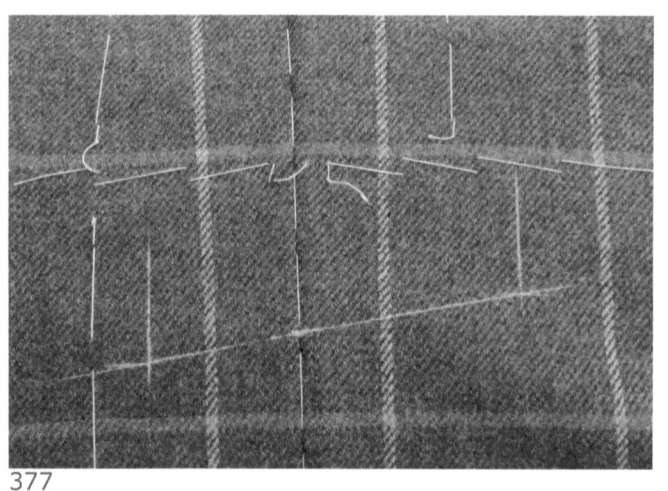

377

378

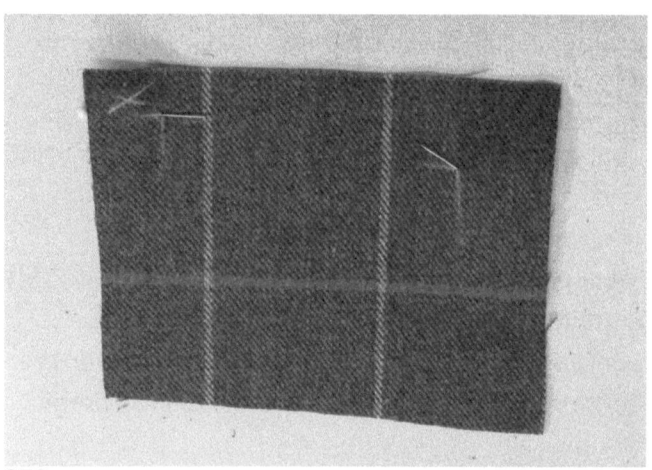

379

380

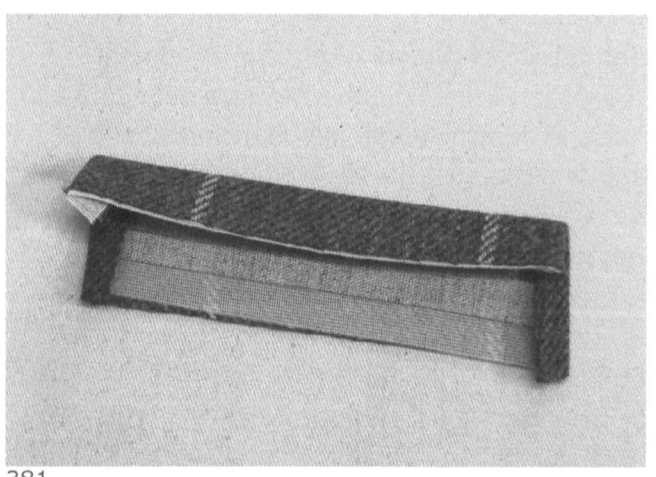

381

382

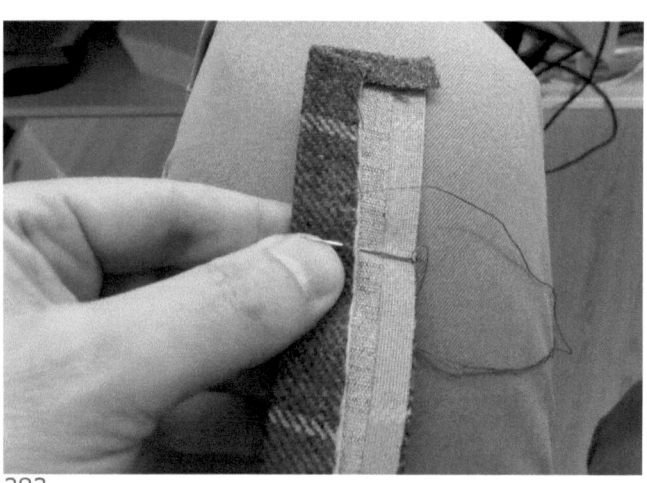

383

384

Marcar el bolsillo

Imagen 377

Primero, marca el bolsillo en la posición correcta y transfiere la ubicación al otro delantero.

Marcar el vivo

Imagen 378

Después, coloca un retal del tejido usado sobre la abertura del bolsillo de tal manera que el dibujo del mismo (en caso de haberlo) coincida delante de la pinza. Si, por ejemplo, el tejido tiene cuadros, puedes facilitarte la tarea evitando que necesariamente haya rayas horizontales en el vivo. En cualquier caso, esto funciona solo con dibujos de gran tamaño. Tras colocar la pieza de tejido, clava unos alfileres de manera precisa para marcar el comienzo y el final de la abertura del bolsillo. Procura que el tejido no se deslice.

Imagen 379

Retira el retal de tejido junto con los alfileres. Asegúrate de que los alfileres no se caigan y marca sus posiciones por el revés de la pieza.

Reforzar el vivo

Imagen 380

Marca el vivo de manera precisa e incorpora una entretela termoadhesiva fina por el revés. Recorta la pieza al tamaño adecuado.

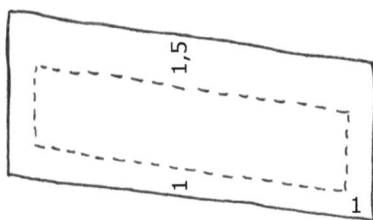

Además, incorpora una pieza de entretela termoadhesiva de crin de caballo por el revés del tamaño del vivo acabado.

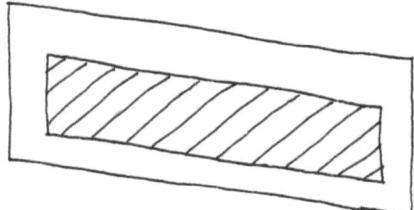

Imagen 381

Dobla y plancha el margen superior y los lados del vivo.

Recorta el sobrante del margen de costura de la esquina trasera para contrarrestar el ángulo de la pieza.

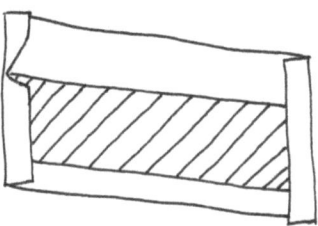

Puedes usar un alfiler para formar mejor las esquinas del vivo al planchar.

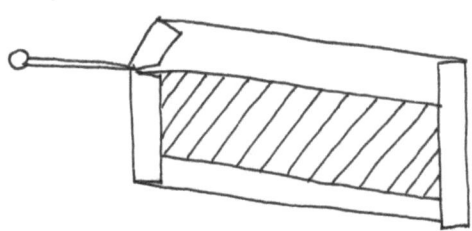

Imagen 382

Cose a mano el margen del vivo con una puntada discontinua compleja.

Imagen 383

Sujeta el margen de costura sin mucha tensión a la entretela de crin de caballo.

Imagen 384

Sujeta con un hilván el vivo al delantero en la posición exacta respetando la continuidad con el dibujo del tejido. Esto requiere un poco de práctica, ya que en esta parte del proceso las piezas están encaradas por el lado derecho del tejido, por lo que no es fácil hacer coincidir los dibujos. Así, el resultado final solo se verá tras confeccionar el bolsillo. No dudes en repetir la costura en caso de que el resultado no sea el adecuado.

Bolsillo de un vivo en el chaleco

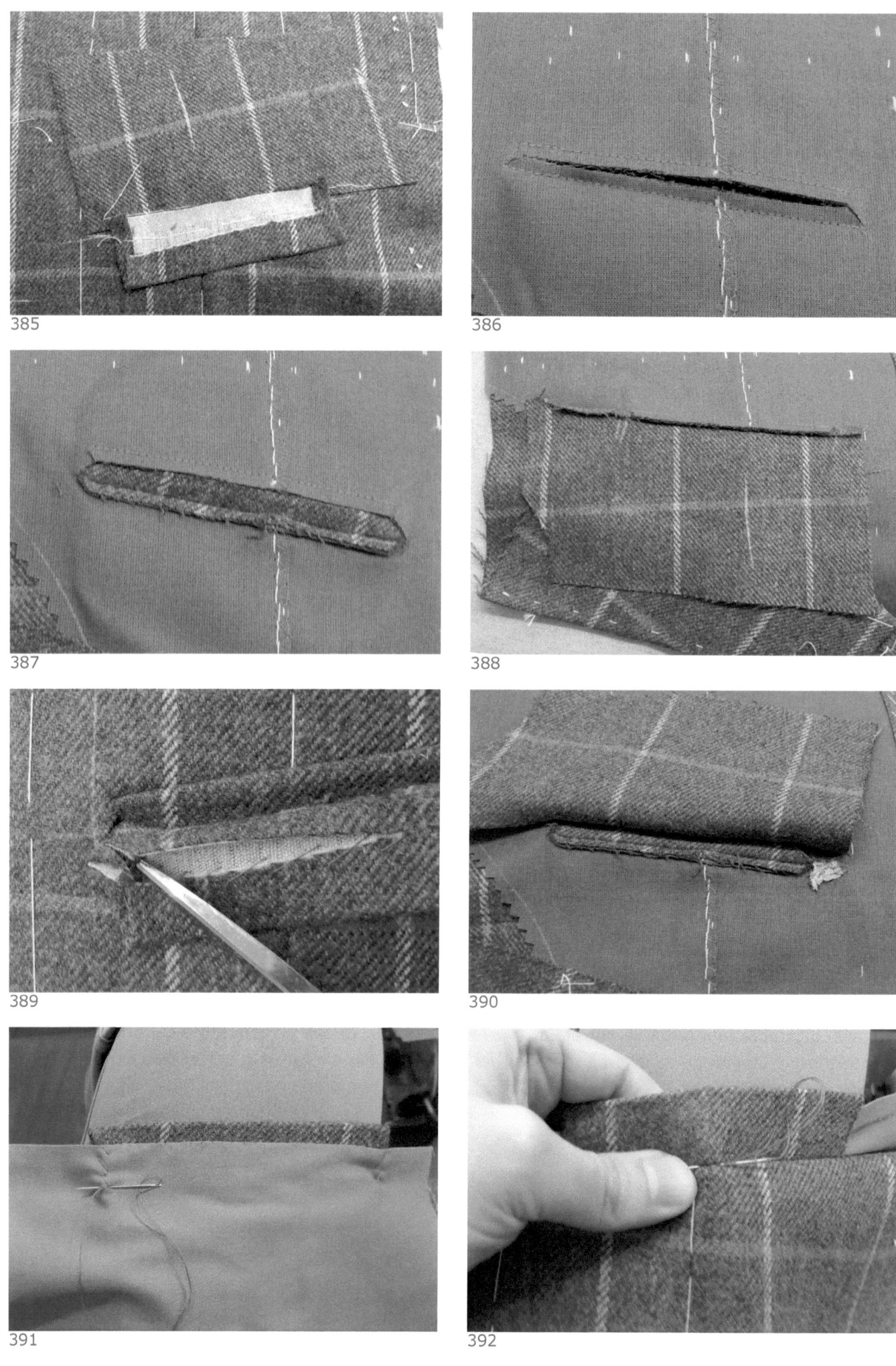

385

386

387

388

389

390

391

392

Coser el vivo

Imagen 385

La vista del bolsillo debería ser lo suficientemente larga como para servir también de fondo de bolsillo.

Señala el inicio y el final del vivo en la vista realizando una marca a 0,5 cm hacia el interior de cada extremo.

Cortar la abertura del bolsillo

Imagen 386

Cose el vivo y la vista. Antes de cortar la abertura del bolsillo entre las costuras, comprueba que existe continuidad con el dibujo del tejido.

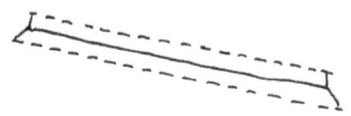

Imagen 387

Sujeta el delantero por la parte del bajo y extiéndelo sobre el cojín de planchado de tal manera que el vivo quede girado y la vista siga plana.

Después, plancha la costura del vivo.

Imagen 388

Con cuidado, vuelve la vista a través de la abertura y plancha la costura.

Fijar las esquinas

Imagen 389

Realiza un corte en el margen de costura de la esquina delantera del vivo.

Imagen 390

Empuja esta esquina hacia el interior a través de la abertura y cósela para fijarla.

Imagen 391

Cose una pieza de tejido de forro a la parte interior del vivo, aproximadamente 1 cm por debajo del borde.

Coser el saco del bolsillo

Imagen 392

Cose el forro del bolsillo con un punto pinchazo realizado por el derecho de la prenda, justo en la sombra de la costura del vivo.

Bolsillo de un vivo en el chaleco

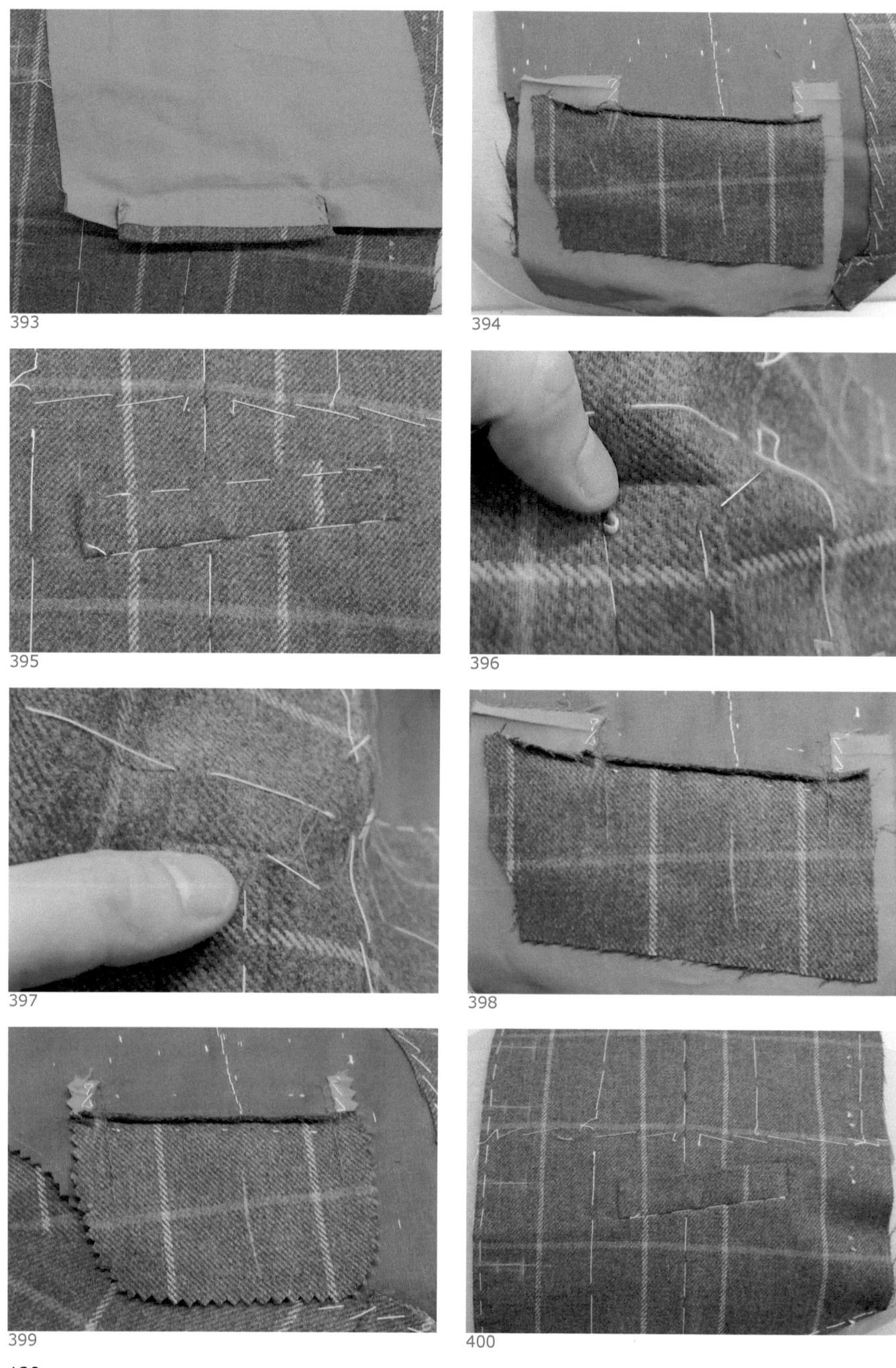

393

394

395

396

397

398

399

400

Sujetar el saco de bolsillo por el interior
Imagen 393

Recorta el forro del bolsillo al principio y al final del vivo hasta la costura.

Imagen 394

Pasa el forro del bolsillo a través de la abertura y sujétalo con hilo de hilvanar.

Cerrar el bolsillo
Imagen 395

Pasa un hilván por el vivo justo en la sombra de la costura y otro por el borde superior. El dibujo del tejido debe tener continuidad delante de la pinza.

Sujetar los laterales del vivo
Imágenes 396/397

Sujeta los laterales del vivo con pequeñas puntadas evitando que el hilo quede demasiado tirante. Al sacar la aguja hacia el exterior de la prenda, debes perforar el margen del vivo. Cuando claves la aguja hacia abajo, debes hacerlo justo al lado del borde del vivo (es decir, en el delantero). Al mismo tiempo, sigue prestando atención al dibujo del tejido.

Imagen 398

En la parte trasera, asegura el vivo una segunda vez con puntadas hacia atrás a unos 0,5 cm al lado del borde. Todas las capas acabarán conectadas, pero solo deberías perforar el tejido exterior.
La costura a mano debe bajar unos 3 cm por el saco del bolsillo para que sea más sencillo terminar de cerrarlo con la máquina de coser.

Cerrar el saco del bolsillo
Imagen 399

Por último, termina de cerrar el saco del bolsillo y corta los márgenes con tijeras de corte zig-zag para evitar que estos se marquen por el derecho de la prenda después de plancharla.

Imagen 400

En la imagen se aprecia la continuidad del dibujo entre el vivo y el delantero en la parte que queda por delante de la pinza.
Si se desea que el vivo quede totalmente integrado en una prenda cuyo tejido tiene dibujo y, por tanto, resulte imperceptible, se debe plantear también una pinza en esta pieza.

Saco del bolsillo

Doblez

122

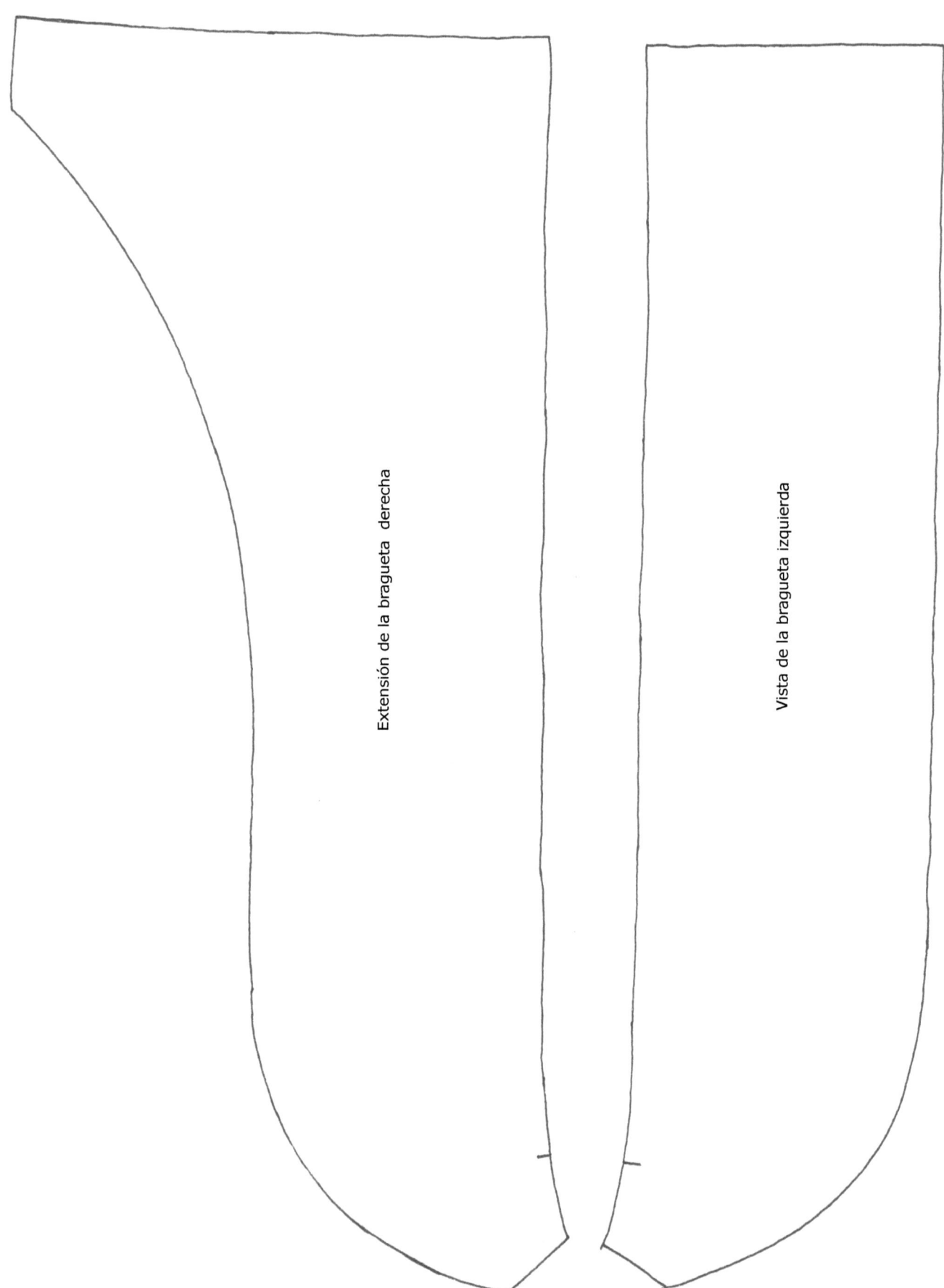

Extensión de la bragueta derecha

Vista de la bragueta izquierda

Sven Jungclaus

Completó su formación como sastre de prendas femeninas y masculinas en los años 90 trabajando con Heinz-Josef Radermacher en Düsseldorf. En esa misma época, trabajó para producciones musicales como *Grease* y *Forever Plaid* en Düsseldorf, así como *La Bella y la Bestia* y *El baile de los vampiros* en Stuttgart. Tras ocho años en la Ópera Estatal de Baviera, en Múnich, trabajando como maestro de sastrería y jefe de vestuario masculino, continuó desarrollando su carrera en la *Royal Shakespeare Company* de Stratford-upon-Avon, la Deutsche Oper am Rhein de Düsseldorf y el Festival de Salzburgo.

Entre 2013 y 2023, confeccionó ropa a medida en su sastrería Gewandmanufaktur de Salzburgo. Además, el polifacético sastre trabajó regularmente para el taller de vestuario *Das Gewand* de Düsseldorf y fue requerido para óperas y producciones musicales como, por ejemplo, la Ópera Metropolitana de Nueva York, la Ópera Nacional de Bergen, el Teatro de Basilea, el Musical *Chicago* en Stuttgart y Berlín, la Ópera de Ámsterdam, el Festival de Salzburgo o el Teatro Estatal de las Naciones de Moscú.
Desde 2023, dirige el departamento de vestuario del Teatro Estatal de Salzburgo.
Otro de sus proyectos es el conocido como *Become A Tailor*, una página web donde ofrece consejos profesionales sobre sastrería, patronaje, confección y otros contenidos relacionados con la indumentaria de época.

www.becomeatailor.com

Steven Guirao Díez

Nacido en Madrid. Tras graduarse en Diseño de Moda en el CSDMM (Centro Superior de Diseño de Moda de Madrid), ha formado parte de diversas empresas internacionales desarrollando productos para diversos mercados, desde la industria de la moda rápida hasta el sector del lujo. Esto le ha permitido adquirir amplios conocimientos tanto en las áreas del diseño y la fabricación como en los ámbitos del comercio y la publicidad.

En la actualidad, Steven Guirao Díez compagina el desarrollo de su propia marca de ropa con su pasión por la traducción y la sastrería.

Índice

Índice

Abreviaturas

CD Centro delantero

CI2 Contorno de cinturilla

Ancho de costura

El ancho de costura queda definido por el grosor del pie prensatelas de la máquina de coser. Es la distancia entre la aguja y el margen del pie, y depende del tipo de máquina de coser. Tradicionalmente, el ancho de costura ha sido de 0,75 cm y se incluye en algunas partes de diferentes patrones durante el proceso de trazado. En patrones modernos, también puede ser de 1 cm.

Tex

Esta es la unidad en la que se mide la resistencia del hilo. En realidad, es una medida que habla del peso por cada 1.000 metros de tejido que, en definitiva, es lo que determina la resistencia de sus hilos. A mayor número, mayor resulta el grosor del hilo (1 tex = 1 gramo por 1.000 metros).

Sastrería masculina moderna

Sastrería masculina moderna

Guía básica para diseñar patrones

Sven Jungclaus

Sven Jungclaus

Guía avanzada de sastrería masculina Volumen 1

Guía avanzada de
sastrería masculina

Manual de patronaje para diferentes
formas corporales

S. Jungclaus

Sven Jungclaus

Volume 1

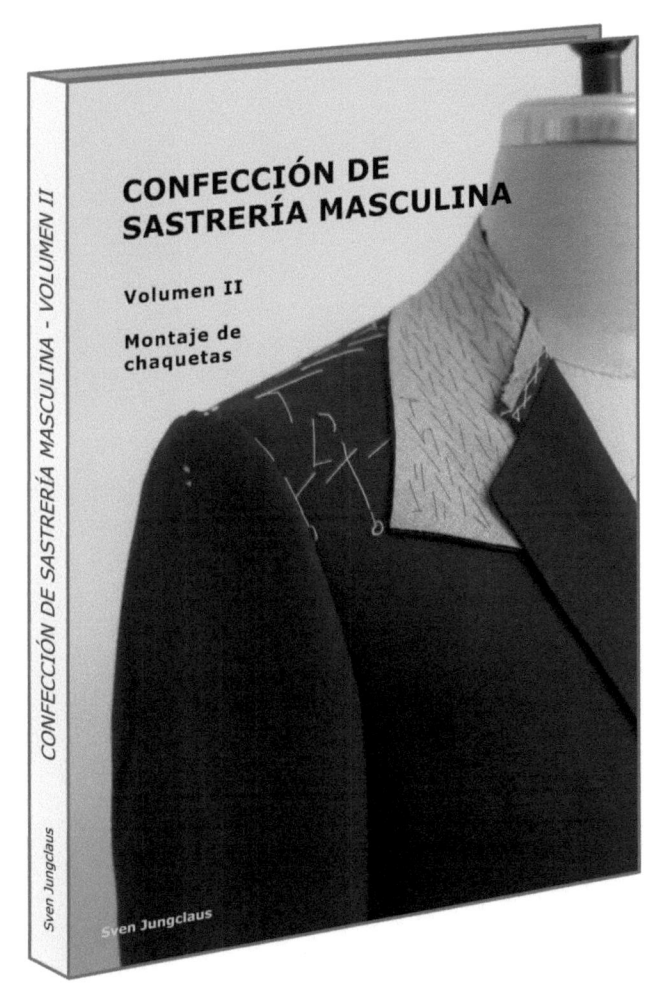

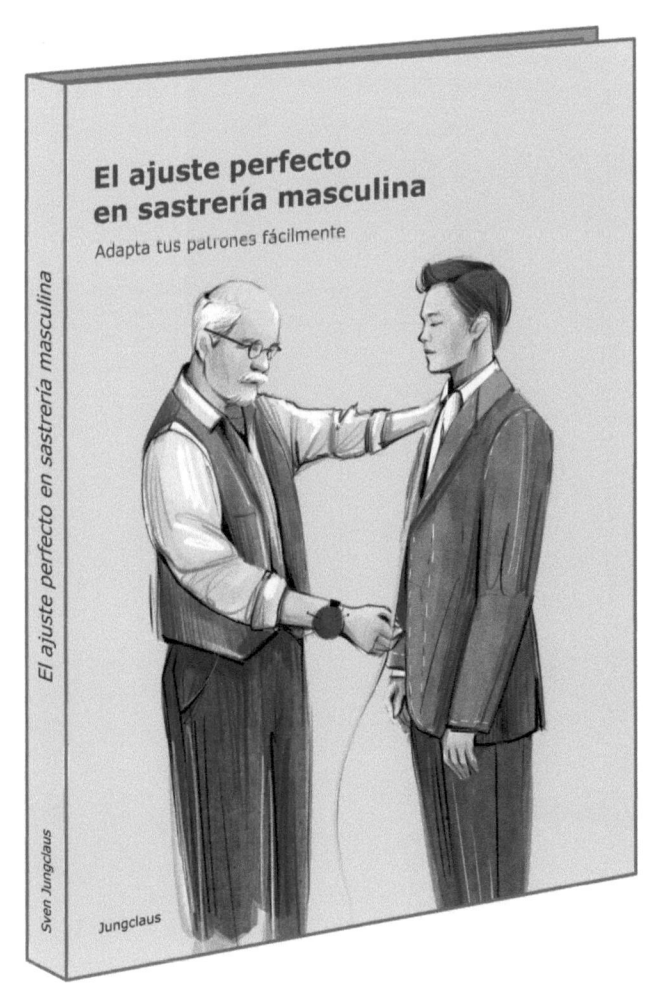

Enlace a la página web

https://www.becomeatailor.com

Puedes encontrar información acerca de estos títulos y más en nuestra página web.

Lista de fabricantes y proveedores

Material de sastrería
Ditta piero Zamboni
Bolonia, Italia
Telf.: +39 051 392980
www.foderezamboni1948.com

Bernstein & Banleys Ltd.
Essex, Reino Unido
Telf.: +44 1702 523315
www.theliningcompany.co.uk

Botones
Knopf Budke GmbH & Co. KG
Telf.: +49 7262 91350
www.knopf-budke.de

Müllerknöpfe
Gran selección de botones para trajes.
(Exigen un mínimo de unidades en cada pedido)
Viena, Austria
Telf.: +43 1 8042662
www.muellerknoepfe.at

Maniquíes y cojines de planchado
Ortner GmbH
Maniquíes de sastrería baratos creados a partir
de medidas personalizadas. ¡Gran calidad!
Offingen, Alemania
Telf.: +49 8224 7677
www.ortner-gmbh.de

Programa de patronaje gratuito
Seamly 2D
Aplicación de código abierto en constante
proceso de desarrollo y que funciona para todos
los sistemas de patronaje.
Detrás del programa existe una gran comunidad
de usuarios. Ofrece la oportunidad de realizar tus
propias ideas, así como de programar el software
tú mismo.
www.seamly.net

Tejidos
Acorn Fabrics (Cumbria) Ltd.
Sobre todo, ofrecen tejidos de camisería.
Nelson, Reino Unido
Telf.: +44 1282 698662
www.acornfabrics.co.uk

Harrisons of Edinburgh
Tejidos de género y forros.
Exeter, Inglaterra
Telf.: +43 1 5121875
www.harrisonsofedinburgh.com

Planchas y máquinas de coser
Sewtex Internetshop
¡Venden la plancha de vapor "Vaporino Inox" al
mejor precio!
Telf.: +49 381 12769083
www.sewtex.de

Perchas
Kleiderbügelfabrik Rudolf Weber KG
Bad König, Alemania
Tel. +49 6063 93130
www.weber3000.de

Etiquetas
DORTEX Werbung und Vertrieb mbH
Ofrecen muchas opciones a precios baratos.
Dortmund, Alemania
Telf.: +49 231 9371000
www.dortex.de

Fundas para ropa y más
Morplan Ltd.
Essex, Inglaterra
Telf.: +44 330 4455666
www.morplan.com

Cepillos para ropa
Bürstenhaus Redecker GmbH
Gran selección de cepillos naturales hechos a
mano.
Versmold, Alemania
Telf.: +49 5423 94640
www.redecker.de